Les Plantes d'Appartement

Les Plantes d'Appartement

Tout ce que Vous devez Savoir pour Identifier, Choisir et Soigner les 350 Plantes d'Intérieur les Plus Connues

Peter McHoy

Celiv

Remerciements

L'éditeur tient à remercier les personnes et boutiques dont les noms suivent, pour leur contribution à la publication de cet ouvrage : Andrew J. Smith, Manor Nurseries, Stockbridge Road, Timbsury, Hants ; Chessington Nurseries Ldt., Leatherhead Road, Chessington, Surrey, et The Hollygate Cactus Nursery, Billingshurst Lane, Ashington, West Sussex.

Toutes les photographies ont été réalisées par John Freeman, à l'exception des suivantes :
Légende : h = haut, b = bas, g = gauche, d = droite, c = centre

Peter McHoy : pages 19, 20 bg, 23 h, 27, 32 b, 38 h, 50 bd, 53 bg cg, 62, 63b, 66 hc, 71 hd bd, 83 b, 85 h, 102 b, 108 bg, 115 et 125 ; The Garden Picture Library/Erika Craddock : page 6 ; The Garden Picture Library/John Sira : page 80 h ; The Garden Picture Library/Mayer Lescanff : page 112 ; The Garden Picture Library/John Sira : page 124 bd ; A-Z Botanical : page 82 g ; Photos Horticultural : pages 68 h, 93 bg et 111 b.

ISBN 2-86535-268-4
Imprimé à Singapour, par Star Standard Pte Ltd

Titre de l'ouvrage original :
The New Houseplant A-Z

Directeur d'édition : Joanna Lorenz
Responsable d'édition : Claire Nicholson
Maquette : Peter Butler
Photographie : John Freeman

Réalisation de l'édition française :
Les Éditions de l'Orxois
Traduction : Isabelle Taudière et Darius Gbedo

Sommaire

Introduction

CI-DESSUS : Columnea gloriosa.

Ce répertoire, classé par ordre alphabétique, recense toutes les plantes d'intérieur les plus répandues, que vous pourrez très aisément vous procurer dans le commerce. Que vous cherchiez à identifier une plante entr'aperçue dans une vitrine, ou que vous souhaitiez connaître les besoins spécifiques de celles qui peuplent votre décor, les photographies et les fiches techniques des principaux genres sont là pour vous répondre.

Certaines familles comptent des milliers d'espèces que nous n'avons, bien entendu, pas cataloguées systématiquement. Cependant, au sein d'un même genre, pratiquement toutes éprouvent les mêmes besoins et, aussi excentrique que soit votre collection, vous trouverez ici les conseils indispensables à leur entretien.

Retrouver le nom d'une plante
Aussi variables et changeants que les plantes elles-mêmes, il arrive que les botanistes modifient le nom de certaines espèces ou les rattachent à un autre genre, quittes à revenir par la suite à l'ancienne appellation. Quelque peu dépassés par ces baptêmes incessants, les professionnels n'adoptent pas toujours immédiatement ces nouvelles désignations, préférant même dans certains cas s'en tenir au nom français. L'amateur aura donc parfois à jongler parmi tous ces synonymes.
Par souci de clarté, nous avons ici pris le parti d'adopter les appellations botaniques en vigueur, mais si vous ne connaissez une plante que sous son ancien nom, voire son nom vulgaire, il vous suffit de vous reporter à l'index général ou à l'index des noms communs, en fin d'ouvrage, pour retrouver l'entrée correspondante.
Par ailleurs, nous utilisons le terme « variété » dans son acception la plus large, sachant qu'il peut parfois s'agir d'hybrides ou de cultivars. Néanmoins, vous identifierez chaque catégorie par sa présentation typographique, rigoureusement respectée.

CI-CONTRE : *Quelques plantes d'intérieur.*

Comment lire ce répertoire ?
Le genre, figurant en tête de chaque entrée, est l'équivalent du nom de famille et rassemble toutes les plantes présentant des caractéristiques communes.
L'espèce correspond au prénom d'une plante d'un genre donné. Si certains genres ne comportent qu'une espèce, la plupart en comptent plusieurs, qui à leur tour déclinent des dizaines, voire des centaines de variétés. Nous n'indiquons ici que les plus courantes.

Température : cette rubrique donne exclusivement les minimales hivernales pour un genre donné, sachant que les espèces rustiques peuvent tolérer un milieu légèrement plus frais. Les maximales ne sont, quant à elles, précisées que pour les plantes les plus sensibles aux méfaits du chauffage central.

Humidité : le taux d'hygrométrie ambiante est essentiel au bon déroulement du cycle végétatif. Ainsi, les espèces tropicales ont de très gros besoins en humidité, alors que les plantes grasses, par exemple, survivront dans le milieu le plus sec qui soit. A moins que vous n'envisagiez de vous en défaire après la floraison, évitez d'adopter des plantes très exigeantes si vous ne pouvez leur offrir un microclimat adapté.

Exposition : la lumière, qui permet aux plantes de synthétiser leurs éléments nutritifs, est un facteur de croissance décisif. Respectez scrupuleusement les besoins spécifique de chaque plante, pour stimuler son épanouissement, éviter qu'elle ne s'étiole faute de luminosité ou, au contraire, qu'elle ne dépérisse ou grille sous un soleil de plomb.

Arrosage et fertilisation : si vous êtes convaincu que les plantes peuvent vivre d'amour et d'eau fraîche, détrompez-vous ! Selon les saisons et les périodes végétatives, elles auront plus ou moins soif, et plus ou moins faim d'engrais. Un arrosage sera souvent le bienvenu, mais encore faut-il veiller à ne pas détremper la motte, la laisser sécher en profondeur ou s'épuiser en éléments nutritifs. Pour garder de belles plantes vigoureuses, efforcez-vous de répondre au mieux à ces besoins vitaux.

Soins : l'horticulteur vous livre ici quelques « trucs du métier » pour tirer le meilleur parti de vos plantes.

Multiplication : les techniques adaptées sont ici simplement mentionnées. Pour les semis, consultez les conseils du pépiniéristes sur l'emballage des graines. Selon les espèces, les boutures doivent être prélevées à une époque donnée. Elles prendront mieux dans un germoir en hiver, et s'enracineront volontiers à température ambiante en été. Pour les autres techniques, reportez-vous à notre chapitre consacré à la multiplication.

CI-DESSUS : Achimenes *(hybride).*

Achimenes

Bien que l'on rencontre parfois des espèces pures, la plupart des achimenes commercialisées sont des hybrides. Les pépiniéristes spécialisés proposent un vaste éventail de variétés de culture, que vous pourrez également faire pousser à partir de rhizomes.

***Achimenes* hybrides**
Du début de l'été à l'automne, les achimenes produisent une multitude de fleurs éphémères, dans des tons de rose, mauve, jaune, rouge et blanc. La plante passe tout l'hiver en repos végétatif, mais repart dès l'arrivée du printemps.

LES CLÉS DE LA RÉUSSITE
Température : Aucune exigence particulière en période de dormance, mais pas moins de 13°C pendant la croissance.
Humidité : Vaporisations régulières des boutons juste avant la floraison. Par la suite, placer sur un lit de galets inondés pour assurer une bonne humidité ambiante et éviter de les bassiner.
Exposition : Pleine lumière, à l'abri du soleil direct.
Arrosage et fertilisation : Arrosages à l'eau tiède en période de croissance. Veiller à ce que le mélange de culture soit toujours humide. Apports d'engrais réguliers.
Soins : Installer dans une suspension pour faire retomber les tiges fines ou, dans un pot, en tuteurant en éventail les tiges les plus fragiles. Interrompre l'arrosage dès la chute des premières feuilles, à l'automne. Laisser les rhizomes dans le pot ou les envelopper dans du sable ou un mélange à base de tourbe à l'abri du gel. Replanter vers la fin de l'hiver ou au début du printemps.
Multiplication : Division des rhizomes, boutures, ou semis (sauf pour les variétés de culture).

Adiantum

Ces délicates fougères, plus connues sous le nom de capillaires, comptent quelques espèces rustiques. La plupart restent malgré tout assez fragiles, exigeant une chaleur humide. Difficiles à garder longtemps en intérieur, les plus petites trouvent un milieu idéal dans un jardin en bouteille.

Adiantum capillus-veneris
(Cheveux de Vénus)
Déployant de fines frondes plumeuses sur de longues tiges brunes, cette espèce est la plus robuste du genre. Dans certains pays, elle est commercialisée sous le nom d'*Adiantum chilense*, bien que ce nom désigne en fait un autre espèce.

Adiantum hispidulum
D'apparence plus robuste que les autres capillaires, cette variété développe de jeunes frondes cuivrées, extraordinairement délicates.

Adiantum raddianum
Également appelée *A. cuneatum*, cette espè-

CI-DESSOUS : Adiantum hispidulum.

CI-DESSUS : Adiantum raddianum *« Fragrantissimum », ou « Fragrans » (à gauche) et le cultivar « Fritz Luthii » (à droite).*
A GAUCHE : Adiantum capillus-veneris.

ce est l'une des plus répandues. Dans des conditions de culture adaptées, cette plante, dont les jeunes frondes dressées retombent avec le temps, forme rapidement une jolie ramure arquée. L'espèce décline de nombreuses variétés, plus ou moins exigeantes, qui se distinguent par la forme ou la couleur de leurs petites folioles grêles. Ainsi, la variété « Fragrantissimum » est légèrement parfumée, la variété « Fritz-Luthii » portant des frondes d'un vert brillant.

LES CLÉS DE LA RÉUSSITE

Température : 18°C minimum en hiver pour la plupart des espèces.
Humidité : Humidité ambiante très élevée.
Exposition : A l'abri de la lumière directe du soleil et des courants d'air froids.
Arrosage et fertilisation : Bien arroser tout l'année. Apports d'engrais hebdomadaires du printemps au début de l'automne.
Soins : Éviter d'exposer à un air trop sec ou trop frais. La motte doit être constamment humide, sans être détrempée. Ne pas laisser la base du pot dans l'eau.
Multiplication : Division de préférence, ou semis des spores au printemps.

Aechmea

L'espèce la plus cultivée en intérieur, l'*Aechmea fasciata*, est certainement la plus célèbre de la famille des broméliacées. Très appréciée pour son feuillage décoratif, elle se pare pendant plusieurs mois de l'année d'une surprenante hampe florale.

Aechmea fasciata
(Plante urne)
De grandes feuilles légèrement dentelées, zébrées d'une pruine aux reflets gris argenté, dessinent une rosette en forme d'urne. En période de floraison, du milieu de l'été au premiers jours de l'hiver, une hampe florale s'élève au centre de la rosette. Cette inflorescence présente de nombreuses bractées épineuses roses entre lesquelles apparaissent de minuscules fleurs bleu pâle éphémères qui, peu à peu, virent au lilas. Elle peut conserver son attrait pendant six mois, après quoi la rosette se flétrit. On la trouve encore parfois sous son ancien nom, *A. rhodocyanea.*

LES CLÉS DE LA RÉUSSITE

Température : 15°C minimum en hiver. Peut tolérer des températures plus basses, si vous ne souhaitez pas conserver la plante après la floraison.
Humidité : Aucune exigence particulière.
Exposition : Bonne luminosité, à l'abri de la lumière directe du soleil.
Arrosage et fertilisation : En été, remplir le cornet central et nourrir modérément une fois par semaine. En toutes saison, conserver la motte légèrement humide. Pendant la période de repos, vider le cornet, sauf si la température ambiante dépasse 18°C.
Soins : Une jeune plante ne fleurira pas avant trois ou quatre ans. Pour stimuler la floraison, envelopper la plante dans un sac en plastique garnie d'une ou deux pommes très mûres, qui dégageront des gaz favorisant l'éclosion de la fleur. Vaporiser les feuilles pendant les fortes chaleurs. Après la floraison, la rosette se flétrit après avoir émis des rejets qui donneront une nouvelle plante.
Multiplication : Retirer les rejets lorsqu'ils atteignent la moitié de la taille de la plante mère, puis les repiquer en essayant de ne pas endommager le réseau radiculaire.

CI-DESSOUS : Aechmea fasciata.

Aeschynanthus

CI-DESSUS : Aeschynanthus *« Mona » (hybride).*

Bien que cette plante se plaise davantage sous une véranda, le genre compte quelques espèces adaptées à la culture en appartement. Nous proposons celle qui s'acclimate le mieux en intérieur. Idéales pour les suspensions, elles déploient des tiges rampantes, au feuillage brillant et produisent des grappes de fleurs évasées orange ou rouges.

Aeschynanthus lobbianus
Les tiges retombantes portent des feuilles charnues et cireuses d'un vert profond, au bout desquelles émergent des grappes de fleurs rouges légèrement panachées de jaune et entourées d'un calice écarlate. La floraison commence en général au début de l'été.

LES CLÉS DE LA RÉUSSITE
Température : Chaud en été, plus frais en hiver, sans jamais tomber sous 13°C.
Humidité : Bassiner régulièrement la plante tout au long de l'année et tout particulièrement par grande chaleur.
Exposition : Bonne lumière, à l'abri des rayons du soleil.
Arrosage et fertilisation : Bien arroser du printemps à l'automne et plus modérément pendant le reste de l'année. Préférer une eau tiède non calcaire. Nourrir pendant l'été.
Soins : Après la floraison, rabattre les tiges pour conserver à la plante son aspect touffu. Éviter de la déplacer pendant la floraison car elle risque de perdre ses boutons. Penser à la rempoter tous les deux ou trois ans.
Multiplication : Boutures.

Agave

Souvent assimilée à une plante grasse, l'*Agave* est en fait une « xérophyte », capable de s'adapter à un climat sec. Certaines espèces donnent de belles hampes florales lorsqu'elles sont plantées à l'extérieur, mais restent des plantes vertes en appartement. L'*A. americana* décore perrons et cours intérieures et, est assez robuste pour passer l'hiver à l'extérieur dans les régions tempérées.

Agave americana
(Agave d'Amérique). Les grandes feuilles gris-vert ou bleu-gris, ourlées et portant des épines acérées, peuvent atteindre jusqu'à 1,20 m de long. En appartement, on préfère ses variétés panachées, comme la « Marginata », « Mediopicta » ou « Variegata ».

A GAUCHE : Agave americana.

CI-DESSUS : Agave victoriæ-reginæ.

Agave filifera
(Agave à fibre textile)
Disposées en rosette sphérique, les petites feuilles pointues et charnues, au port érigé, portent des épines acérées.

Agave victoriæ-reginæ
(Agave de la reine Victoria)
Les feuilles en écailles, dans des tons de vert pastel bordé de blanc, forment un sphère presque parfaite. Vue du dessus, il s'agit de l'espèce la plus décorative du genre.

LES CLÉS DE LA RÉUSSITE
Température : 10°C minimum en hiver, pour toutes les espèces. Certaines toléreront cependant un milieu plus frais, mais aucune ne résistera au gel.
Humidité : Supporte un air très sec.
Exposition : Plein soleil.
Arrosage et fertilisation : Arrosages copieux en été et modérés en période hivernale, à doser selon l'ensoleillement de la plante. Quelques apports d'engrais au cours de l'été.
Soins : Les espèces dressées, comme l'*A. americana* se plaisent davantage à l'extérieur pendant les mois d'été. Les dards acérés des feuilles peuvent néanmoins être dangereux en bordure d'une allée passante. Rempoter la plante à chaque printemps.
Multiplication : Couchage des drageons ou repiquage les rejets enracinés. Par semis, la croissance sera beaucoup plus lente.

Aglaonema

Cette plante arbore de longues feuilles lancéolées dressées sur une tige trapue. Les espèces panachées, alliant leurs qualités ornementales à une bonne tolérance, sont plus spectaculaires que les feuillages verts.

Aglaonema crispum
Présente des feuilles marbrées de tons crème et blanc argentées, ourlées de vert. Les panachures de la variété « Marie » sont particulièrement décoratives.

Aglaonema commutatum
(Aglaonema changeant). De minuscules fleurs blanchâtres, donnant parfois naissance à des baies rouges, apparaissent parmi des feuilles vertes zébrées de bandes argentées.

***Aglaonema* hybrides**
Les variétés hybrides ne passent pas inaperçues dans un intérieur. Citons notamment le feuillage vert et crème du « Silver Queen » et les tiges mouchetées déployant des feuilles argentées du « Silver King ». La nomenclature du genre étant quelque peu confuse, il arrive que ces cultivars soient considérées comme des variétés de l'*A. treubii.*

LES CLÉS DE LA RÉUSSITE
Température : En conditions idéales, 15°C minimum en hiver, mais tolèrent sans mal des températures proches de 10°C.
Humidité : Taux d'hygrométrie élevé, vaporisations régulières.
Exposition : Mi-ombre acceptable pour les feuillages verts et lumière tamisée pour les variétés panachées.
Arrosage et fertilisation : Arrosages à volonté du printemps à l'automne, réduit en hiver. Apports d'engrais tous les quinze jours du printemps à l'automne.
Soins : Planter dans un pot à l'abri des courants d'air. Cette plante à croissance lente ne doit pas être rempotée trop souvent.
Multiplication : Boutures ou division.

CI-DESSOUS : Aglaonema crispum *« Marie »*.

Aloe variegata
(Bec de perroquet, Corne de bélier)
Ses feuilles triangulaires et pointues affichent un vert profond mêlé de nuances mauves et zébrées de larges bandes blanches. Des petites fleurs rouges viennent parfois se nicher entre les feuilles ourlées. Cette petite plante peut se dresser sur 15 à 30 cm.

LES CLÉS DE LA RÉUSSITE
Température : Milieu frais et à l'abri du gel en hiver, dans les 5°C minimum.
Humidité : Tolère une atmosphère sèche.
Exposition : Plein soleil. Peut passer l'été en extérieur.
Arrosage et fertilisation : Deux ou trois arrosages hebdomadaires en été, moins fréquents en hiver. Quelques apports d'engrais pendant l'été.
Soins : Rempoter au printemps, tous les deux ou trois ans.
Multiplication : Repiquage des rejets (sevrer les jeunes plants sans endommager les racines), ou semis.

A GAUCHE : Aloe ferox.
CI-DESSOUS : Aloe variegata.

Aloe

Très faciles à vivre, ces plantes grasses aux allures originales donnent toute leur mesure sur un rebord de fenêtre ensoleillé.

Aloe arborescens
Cet aloès au port érigé déploie des feuilles charnues en forme de tentacules, ourlées d'épines acérées. Il produit parfois de belles fleurs rouge orangé, regroupées en épis. En intérieur, bien que de croissance lente, il finira par atteindre une taille respectable.

Aloe ferox
Les feuilles charnues sont couvertes d'épines rouge qui donnent à la plante un aspect grêlé. Les sujets peuvent atteindre 45 cm de haut et donner des épis de fleurs rouges.

Aloe mitriformis
Les épaisses feuilles bleu-vert, sont bordées et hérissées sur le revers de nombreuses épines. En été, elles laissent poindre quelques fleurs éphémères rouge orangé.

Ananas

Très appréciées pour leur feuillage retombant gracieusement en arcs symétriques, les ananas cultivés en intérieur donnent des fleurs violettes poussant au milieu d'un faisceau de bractées. Elles produisent parfois un petit fruit, qui ne retire rien aux charmes de la plante mais demeure plus agréable à l'œil qu'au palais !

Ananas bracteatus striatus
(Ananas panaché, ananas sauvage)
Ses feuilles rubanées de vert, de crème et de rose sont dentelées de petites épines. Commercialisée sous cette dénomination, son vrai nom botanique est *A. b. tricolor*.

Ananas comosus variegatus
(Ananas cultivé, ananas comestible)
Cette variété panachée de l'ananas comestible, bien plus décorative que l'espèce mère au feuillage vert uni, déploie de longues lanières effilées bordées d'un ruban crème.

Anthurium

Si certaines espèces, comme l'*Anthurium crystallium* et l'*A. magnificum*, offrent un superbe feuillage veiné d'argent, on apprécie davantage l'exotisme des espèces fleuries. Quelque peu difficiles à garder en intérieur, elles déplient de luxueuses bractées colorées auxquelles on réservera une place de choix dans le décor.

Anthurium andreanum
(Langue de feu). Parfois répertoriées sous le nom d'*A. andreanum*, ces espèces sont pour la plupart des hybrides. Parmi les feuilles en forme de cœur, se dressent au bout de longues tiges de grandes palettes cireuses, rouges, roses ou blanches, entourant un épi bien droit. Ces inflorescences éclatantes apparaissent entre le printemps et la fin de l'été et tiennent plusieurs semaines.

Anthurium scherzerianum
(Flamant rose). Les différents hybrides présentent de grandes feuilles lancéolées et de

LES CLÉS DE LA RÉUSSITE

Température : 15°C à 18°C minimum en hiver.

Humidité : Pas d'exigence particulière, mais bassiner les feuilles lors des grandes chaleurs.

Exposition : Bonne luminosité. Exposées en plein soleil, les variétés panachées se teintent d'une belle couleur rosée. Sur un rebord de fenêtre, veiller à ce que les épines ne déchirent pas les rideaux.

Arrosage et fertilisation : Arrosages abondants en été. En hiver, réduire les doses et attendre que la surface du terreau soit sèche au toucher. Nourrir de la fin du printemps jusqu'aux premiers jours de l'automne.

Soins : En été, remplir d'eau le centre de la rosette. Pour stimuler la floraison des sujets mûrs, encapuchonner pendant quelques jours la ramure dans un sac en plastique garni de pommes ou de bananes mûres.

Multiplication : Les pépiniéristes optent généralement pour le semis, mais il est plus simple de repiquer le plumet de feuilles garnissant le sommet du fruit.

A DROITE : Ananas bracteatus striatus.

larges bractées colorées qui laissent émerger un spadice incurvé. La floraison a lieu au même moment que celle de l'espèce précédente.

LES CLÉS DE LA RÉUSSITE

Température : Ne pas exposer à moins de 16°C en hiver.

Humidité : Assurer une humidité ambiante élevée et bassiner fréquemment les feuilles, sans asperger les fleurs.

Exposition : Bonne lumière en hiver. Éviter le soleil direct en été.

Arrosage et fertilisation : Arrosages généreux en été et modéré en hiver. Utiliser de préférence une eau non calcaire. En été, quelques apports d'engrais très dilués.

Soins : Rempoter tous les deux ans au printemps dans un mélange fibreux et aéré.

Multiplication : Division lors du rempotage. Les semis et boutures, plus difficiles à réussir, sont également envisageables.

A GAUCHE : Anthurium scherzerianum.

Aphelandra

L'espèce cultivée en intérieur allie un beau feuillage à une inflorescence surprenante.

Aphelandra squarrosa
(Plante zèbre)
Ses grandes feuilles vernissées, d'un vert profond, sont striées de grandes nervures blanches régulières. En période de floraison, une hampe florale se dresse au sommet de la tige, abritant au cœur d'un cône jaune quelques fleurs pâles et éphémères. Les bractées enchâssées en épi durent plusieurs semaines. Cette inflorescence apparaît généralement à l'automne, mais peut aussi bien jaillir dès la fin du printemps, voire en plein hiver. Les variétés les plus courantes sont la « Dania », plus ramassée, et la « Louisae » au feuillage admirable.

LES CLÉS DE LA RÉUSSITE

Température : 13°C minimum en hiver.
Humidité : Atmosphère relativement humide, vaporisations fréquentes.
Exposition : A l'abri du soleil, une bonne lumière stimule la floraison.
Arrosage et fertilisation : Arroser à volonté en été, sans détremper la motte, et moins fréquemment en hiver. Utiliser de l'eau douce et tiède. Nourrir régulièrement entre le printemps et l'automne.
Soins : Retirer les fleurs fanées après la floraison. Pour éviter une chute intempestive des feuilles, maintenir une atmosphère humide et chaude, et préserver la plante des courants d'air froids.
Multiplication : Au printemps, bouturage de tiges tendres dans un germoir, ou de tige lignifiée comportant au moins un nœud.

CI-DESSOUS : Aphelandra squarrosa.

Aporocactus

De la famille des cactées, ce genre comporte de curieuses espèces très faciles à acclimater, dont l'*A. flagelliformis* est certainement la plus courante. Dans une suspension, leurs longues tiges retombent en cascades généreuses. Greffées sur un sujet dressé, elles se prêtent à tous les caprices de l'amateur.

Aporocactus flagelliformis
(Queue de rat). Les longues tiges cylindriques hérissées de fins aiguillons bruns se parent au printemps de grandes fleurs tubulaires, affichant toute leur exubérance dans de tons de rouge ou de rose cramoisi.

Aporocactus flagriformis
Souvent confondue avec l'espèce précédente, celle-ci se distingue par des tiges plus tra-

CI-DESSUS : Aporocactus flagelliformis.

pues et épineuses, portant des bourgeons jaune orangé dont les fleurs virent au cramoisi ourlé de violet.

LES CLÉS DE LA RÉUSSITE
Température : 5°C minimum en hiver.
Humidité : Tolère une atmosphère sèche, mais doit être vaporisé par temps chaud.
Exposition : Plein soleil, éviter les rayons directs de l'après-midi. Peut passer l'été à l'extérieur.
Arrosage et fertilisation : Arrosages abondants au printemps et en été, plus modérés pendant la dormance suivant la floraison.
Soins : Ne pas déplacer la plante après la formation des premiers boutons, qui risqueraient de tomber. Pour l'hiver, choisir un emplacement frais et lumineux.
Multiplication : Boutures ou semis.

Araucaria

Une seule espèce peut s'adapter en appartement. Facile à cultiver, ce magnifique conifère qui, dans son milieu naturel dresse ses immenses ramures sur quelque 50 mètres de haut, peut atteindre près d'un 1,5 mètre en intérieur. N'hésitez pas à lui offrez-lui suffisamment d'espace pour lui permettre de s'épanouir harmonieusement.

Araucaria heterophylla
(Pin de Norfolk)
Également appelé *A. excelsa*, cet élégant arbuste se déploie en étages sur toute son envergure. Ses branches ligneuses, parfaitement symétriques, sont garnies d'aiguilles légères d'environ 1,5 cm.

LES CLÉS DE LA RÉUSSITE
Température : Entre 5 et 10°C en hiver.
Humidité : Taux d'hygrométrie élevé. Si la pièce est sèche et chauffée, vaporisez régulièrement les feuilles.
Exposition : Pleine lumière sans soleil direct. Peut passer l'été au jardin.
Arrosage et fertilisation : Arrosages abondants du printemps à l'automne, plus modérés en hiver, à l'eau douce de préférence. Maintenir la motte bien humide en toutes saisons. Apporter un engrais dilué pendant l'été.
Soins : Éviter les pièces chauffées en hiver. Pour freiner sa croissance, laisser la plante à l'étroit et ne rempoter que tous les trois ou quatre ans.
Multiplication : Boutures de la pointe de l'arbuste, en germoir. Cette opération est néanmoins extrêmement difficile à réussir.

CI-DESSOUS : Araucaria heterophylla.

Asparagus

Mis à part l'aspect aérien et léger de leur feuillage, ces plantes n'ont rien de commun avec les fougères, mais appartiennent à la famille des lilacées. Selon les espèces, les tiges filiformes habillées de rameaux plumeux se dressent ou dessinent un arc gracieux. Remarquablement vigoureuses, elles remplacent volontiers les fougères dans les pièces trop sèches ou lumineuses. Nous présentons ci-dessous quelques espèces parmi les plus courantes de ce genre extraordinairement riche.

Asparagus densiflorus
Les feuilles d'un vert vif sont en réalité des cladodes, ou tiges modifiées, ressemblant à de fines aiguilles. Plus effilées que celles de l'*A. setaceus*, elles confèrent à cette espèce un caractère surprenant. Les jeunes rameaux dressés s'incurvent peu à peu, pour former une masse retombante. Les extrémités des tiges s'ornent parfois de minuscules fleurs blanches ou roses, faisant place à des baies rouges. Les variétés les plus connues sont la « Sprengeri » et la « Meyeri » (ou, plus rigoureusement, « Myersii »), parfois répertoriées sous les noms d'espèce *A. sprengeri* et *A. meyeri*. La seconde se distingue par des tiges droites, hérissées d'un feuillage dense.

CI-DESSUS : Asparagus densiflorus *« Sprengeri » (syn.* A. sprengeri).

Asparagus setaceus
Souvent commercialisée sous le nom d'*A. plumosus*, elle déploie de fines branches horizontales vert pâle, dont l'aspect délicat et plumeux rappelle la fougère. Les jeunes sujets perdent très vite leur port ramassé pour émettre des pousses grimpantes que l'on pourra palisser en une colonne verte.

LES CLÉS DE LA RÉUSSITE
Température : 7°C minimum en hiver, sauf pour l'*A. setaceus* qui tolère difficilement une température inférieure à 13°C.
Humidité : Bassiner le feuillage de temps en temps, notamment si la pièce est chauffée en hiver. Un peu plus exigeante, l'*A. setaceus* doit être pulvérisée régulièrement en hiver.
Exposition : Lumière vive ou tamisée, à l'abri du soleil direct.
Arrosage et fertilisation : Arrosage modéré du printemps à l'automne et très léger en hiver. Engrais du printemps à l'automne.
Soins : Rabattez de moitié les tiges qui commencent à jaunir, et retaillez la plante si elle prend trop de place. Souvent, après la taille, de nouvelles pousses inférieures se développent. Les jeunes sujets seront rempotés au printemps, les autres tous les deux ans.
Multiplication : Division ou semis.

Aspidistra

Cette plante à grandes feuilles persistantes, doit sa popularité à sa robustesse. Les variétés à feuilles panachées, très décoratives, sont un peu plus fragiles. L'*Aspidistra* est idéale pour meubler les recoins d'une pièce.

Aspidistra elatior
(Plante de belle-mère, plante en fer forgé)
Ses brillantes feuilles vert foncé, se dressant sur 45 à 60 cm, semblent jaillir du sol. La variété « Variegata » est barrée de stries blanc crème. A la fin de l'hiver ou au début du printemps, la base des tiges laisse apparaître de minuscules fleurs violacées.

LES CLÉS DE LA RÉUSSITE
Température : En hiver, une température fraîche entre 7 et 10°C. Tenir à l'abri du gel.
Humidité : Supporte un air sec. Éponger les feuilles de temps à autre.
Exposition : Très tolérante, ombre ou lumière conviennent aussi bien, mais éviter les rayons directs du soleil.
Arrosage et fertilisation : Arrosage modéré du printemps à l'automne et très léger en hiver. Veiller à ne jamais détremper la motte.
Soins : Éponger les feuilles pour les dépoussiérer et favoriser la photosynthèse. Ne rempoter que si la plante est à l'étroit, tous les quatre ou cinq ans, au printemps.
Multiplication : Division.

CI-DESSOUS : Aspidistra elatior.

Asplenium

De la famille des fougères, le genre compte plusieurs centaines d'espèces, plus ou moins rustiques, dont seules quelques-unes sont cultivées en intérieur. Ainsi, l'*Asplenium nidus* est prisée pour ses feuilles épaisses et brillantes, à des années lumières des frondes délicates caractéristiques des fougères.

Asplenium bulbiferum
(Doradille). Les frondes finement pennées, longues de 45 à 60 cm, rappellent très nettement la dentelle des fougère. Lorsqu'elles arrivent à maturité, elles portent à leur extrémité des plantules qu'il suffit de repiquer pour obtenir de nouveaux sujets.

Asplenium nidus
(Fougère nid d'oiseau). Cette espèce épiphyte développe de hautes frondes ondulées d'un vert franc et brillant, formant une rosette dressée. Sur les sujets adultes, le revers des feuilles portent parfois de petits sporanges bruns.

LES CLÉS DE LA RÉUSSITE

Température : En hiver, 13°C minimum pour l'*A. bulbiferum*, et pas moins de 16°C pour l'*A. nidus*.

Humidité : Taux d'hygrométrie élevé indispensable.

Exposition : Bonne lumière indirecte ou mi-ombre.

Arrosage et fertilisation : Arrosages abondants à l'eau douce du printemps à l'automne, et plus espacés en hiver.

Soins : Dépoussiérer régulièrement l'*A. nidus*. Si les bordures des feuilles brunissent ou s'abîment, retailler au ciseau sans entamer la partie saine de la feuille.

Multiplication : Semis des spores (relativement difficile) ou division. Repiquez les plantules apparaissant à la surface des feuilles de l'*A. bulbiferum*.

CI-DESSUS : Asplenium bulbiferum.

Aucuba

Ces arbustes rustiques, grands classiques des jardins et des vérandas, s'adaptent fort bien dans les pièces peu lumineuses et fraîches en hiver. Si, au bout de quelques temps, ils deviennent trop imposants pour un intérieur, ils peuvent parfaitement rejoindre la pleine terre du jardin, après une brève période d'acclimatation.

Aucuba japonica
(Aucuba du Japon)
La plupart des variétés d'intérieur sont cultivées pour leur généreux feuillage brillant, souvent marbré ou tacheté de jaune. Parmi le vaste éventail des hybrides panachés, les plus remarquables sont sans conteste le « Crotonifolia », qui semble paré de poussière d'or, et le « Variegata », saupoudré d'un mouchetis jaune pâle. Plantée en pot, cette espèce dépasse rarement les 90 cm, mais les arbustes peuvent aisément atteindre 1,5 à 1,8 m en extérieur, où de minuscules fleurs et des baies rouges accentuent encore leur caractère ornemental.

LES CLÉS DE LA RÉUSSITE

Température : Peu exigeant et rustique, il tolère mal les pièces surchauffées en hiver.

Humidité : Il peut s'accommoder d'une atmosphère sèche, mais exige des pulvérisations s'il passe l'hiver dans une pièce chaude.

Exposition : Admet les emplacements ombragés mais se développe mieux en pleine lumière, à l'abri du soleil direct de l'été.

Arrosage et fertilisation : du printemps à l'automne, arroser à volonté et réduire les doses en hiver.

Soins : Rempoter tous les deux ans au printemps, en retaillant toutes les pousses trop longues ou dégarnies.

Multiplication : Boutures.

CI-DESSOUS : Aucuba japonica *(variété).*

Azalée

Voir Rhododendron.

Begonia – Feuillages décoratifs

Certaines espèces de bégonias se distinguent davantage par le cachet de leur feuillage persistant que par leurs fleurs insignifiantes.

Begonia bowerae
Cette plante dépassant rarement les 15 à 20 cm de haut, doit son succès à ses petites feuilles vert vif ourlées de pointes brunes. De fines dentelures et un duvet soulignent leur délicatesse. Portée par un rhizome grimpant, elle donne en hiver des fleurs blanches teintées de rose. La variété « Tiger » est ornée de mouchetures cuivrées. L'espèce est parfois répertoriée sous le nom de *B. boweri*.

Begonia listada
De larges marques émeraude rehaussent le vert profond des feuilles lobées, légèrement velues. Quelques fleurs blanches apparaissent à l'automne ou en hiver.

Begonia masoniana
Les rayures brunes barrant ostensiblement le centre de ses feuilles vert pâle lui valent le nom de bégonia « Croix de fer ». La grâce de ce feuillage gaufré compense aisément l'indigence esthétique des fleurs.

Begonia rex
L'espèce compte de nombreuses variétés, toutes plus spectaculaires les unes que les autres. Les feuilles asymétriques, qui peuvent mesurer 25 cm de long, portent des motifs variés. Lisses, gaufrées ou ridées, elles déclinent une large palette de tons verts, argentés, rouges, bruns, roses et mauves. Outre les cultivars connus, le commerce propose bien d'autres croisements non répertoriés.

LES CLÉS DE LA RÉUSSITE
Température : En hiver, 16°C minimum.
Humidité : Assurer une bonne humidité. Ne jamais pulvériser sur les feuilles.
Exposition : Pleine lumière, à l'abri du soleil direct.
Arrosage et fertilisation : Arroser à volonté du printemps à l'automne, peu en hiver.
Soins : Rempoter au printemps.
Multiplication : Division et boutures.

Begonia - Espèces Fleuries

A l'intérieur comme au jardin, de nombreux bégonias sont davantage cultivés pour la beauté de leurs fleurs. Certaines espèces, comme le *B. semperflorens*, se couvrent d'une multitude de petites fleurs pendant des mois entiers, et peuvent repartir plusieurs années de suite. D'autres, comme les hybrides tubéreux, s'ornent le temps d'une saison des fleurs certes moins abondantes, mais bien plus imposantes.

Begonia cheimantha x voir *Begonia lorraine* hybrides.

***Begonia elatior* hybrides**
Issus de croisements entre le *B. socotrana* et les espèces tubéreuses d'Amérique du Sud, ces hybrides portent des fleurs, simples ou doubles, affichant une extraordinaire palette de coloris rouge, blanc, rose, jaune et orangé. Les croisements Rieger ont largement contribué à améliorer l'espèce, qui ne perd pratiquement pas ses bourgeons et est beaucoup moins sensible au mildiou. Ils fleurissent naturellement en hiver, mais réagissent très bien au forçage tout au long de l'année.

Ce groupe, qui porte également le nom de *B.* x *hiemalis*, compte un grand nombre de cultivars répertoriés.

Begonia* x *hiemalis voir *Begonia elatior* hybrides.

***Begonia lorraine* hybrides**
Les botanistes parlent désormais plus volontiers de *B.* x *cheimantha* pour décrire ces croisements du *B. socotrana* et du *B. dregei*, dont la variété la plus réputée est la « Gloire de Lorraine ». Ils produisent en hiver des grappes de petites fleurs roses ou blanches.

Begonia semperflorens
Les feuilles cireuses, forment une touffe ramassée qui se pare de petites fleurs pendant tout l'été. Certaines variétés allient diverses nuances de rose, rouge et blanc à un feuillage cuivré. Les horticulteurs proposent des semis pour la plupart des variétés.

Begonia sutherlandii
Ce bégonia rampant aux petites feuilles lancéolées donne naissance, pendant l'été, à de nombreuses grappes de petites fleurs oranges.

Begonia* x *tuberhybrida
Cultivés en pots ou en massifs, ces bégonias tubéreux comptent plusieurs espèces dont la finesse des feuilles n'a d'égale que le charme des fleurs. Ainsi le *Begonia multiflora* exhibe d'imposantes grappes de fleurs simples, semi-doubles ou doubles. Plus adapté aux suspensions, le *Begonia pendula* laisse retomber de ses tiges minces, de délicates fleurs simples ou doubles. Ici encore, les tonalités sont des plus variées, conjuguant des nuances de rouge, orangé, rose et jaune qui gardent tout leur éclat pendant les mois d'été.

LES CLÉS DE LA RÉUSSITE

Température : Entre 13 et 21°C pour les variétés à floraison hivernale. Après la floraison, protéger du gel les tubercules des variétés tubéreuses.

Humidité : Sans être indispensable, une bonne humidité demeure préférable.

Exposition : Pleine lumière, à l'abri du soleil direct. Mais quelques heures de soleil en plein hiver leur seront néanmoins bénéfiques.

Arrosage et fertilisation : Arrosages généreux en période de floraison, et plus modéré pendant le reste de l'année. Réduisez progressivement les doses lorsque les feuilles se flétrissent et que la plante entre en période de dormance. Maintenir la motte humide sans jamais la détremper. Apports d'engrais dilués dès l'apparition des premiers boutons et pendant toute la floraison.

Soins : Nombre d'espèces sont très vulnérables au mildiou. Pulvériser la plante dès les premiers signes d'infestation et aérer la pièce. Retirer les feuilles malades. Détacher les petites fleurs femelles situées derrière les gros boutons mâles des bégonias tubéreux à grosses fleurs, et éliminer régulièrement les fleurs fanées. Pour conserver les variétés tubéreuses après leur floraison, les installer à l'abri du gel pendant l'hiver. Les autres variétés ne refleurissent généralement pas deux années de suite.

Multiplication : Semis du *Begonia semperflorens*. Au printemps, bouturage des espèces tubéreuses ou division des tubercules (certaines peuvent également être semées). Boutures de feuilles ou de pousses terminales pour les hybrides de *Begonia elatior* et les *Begonia lorraine* à floraison hivernale.

CI-DESSUS : Begonia sutherlandii.
CI-CONTRE EN HAUT : Begonia rex.
CI-CONTRE EN BAS : *Quelques bégonias à feuillage décoratif : « Cleopatra » (en haut à gauche), « Tiger » (en haut à droite),* B. listada *(centre),* B. masoniana *(en bas à gauche) et « Red Planet » (en bas à droite).*

Billbergia

Ces plantes, qui révèlent en pleine saison de jolies fleurs exotiques, sont parmi les broméliacées les plus faciles à cultiver et à faire fleurir, le *Billbergia nutans* étant sans nul doute l'espèce la moins exigeante. La floraison a généralement lieu au printemps, mais une température trop fraîche peut retarder l'éclosion des boutons à fleurs et la reporter vers la fin de l'été.

Billbergia nutans

Elle produit de remarquables bractées rose vif portant à l'extrémité de pétioles tombants des magnifiques grappes de fleurs en clochettes, jaunes et vertes, bordées de bleu. Les feuilles assez simples, forment d'étroites rosettes.

Billbergia* x *windii

Issu d'un croisement du *Billbergia nutans* et du *B. decora*, cet hybride se distingue, très nettement, de l'espèce précédente par de longues et belles fleurs bleu-vert qui sont parfaitement enveloppées de magnifiques bractées plus spectaculaires encore.

CI-DESSUS : Billbergia nutans.
CI-DESSOUS À GAUCHE : Billbergia x windii.

LES CLÉS DE LA RÉUSSITE

Température : 13°C en hiver. Des températures inférieures inhibent la croissance et la floraison, mais le gel condamnera irrémédiablement la plante.

Humidité : Peut supporter un air sec pendant un certain temps.

Exposition : Bonne lumière, à l'abri du soleil direct.

Arrosage et fertilisation : Arroser abondamment et nourrir régulièrement du printemps à l'automne. Espacer les arrosages pendant l'hiver. La rosette formée par les bractées ne doit être remplie qu'en été.

Soins : Après la floraison, conserver la plante car, à la différence de la plupart des broméliacées à fleurs élevées en intérieur, les jeunes plantules du billbergia s'épanouissent assez rapidement. Après quelques années, elles forment une touffe imposante qui fleurira, année après année. Rempoter lorsque le massif de billbergia est à l'étroit dans le pot.

Multiplication : Sevrer les rejets formés tout autour de la rosette en fin de floraison, lorsqu'ils atteignent la moitié de la taille de la plante mère, puis les repiquer.

A DROITE : Blechnum gibbum.

Blechnum

Ces fougères se développent à partir d'un rhizome grimpant ou d'une courte tige, qui forme un tronc ligneux sur les sujets adultes. La ramure, rappelant celle du palmier, leur confère une gracieuse silhouette arquée.

Blechnum brasiliense

Il présente une couronne de jeunes frondes rouge sombre qui, avec le temps, virent au vert. Véritable petit arbuste d'intérieur, il atteindra un bon mètre de haut.

Blechnum gibbum

Ses frondes généreuses, raides et arquées, peuvent se dresser sur près d'un mètre lorsque le sujet parvient à maturité. La tige se modifie alors en un tronc ligneux.

LES CLÉS DE LA RÉUSSITE

Température : Entre 13 et 18°C en hiver. Éviter les pièces surchauffées en hiver.

Humidité : Modérée.

Exposition : Mi-ombre, lumière indirecte.

Arrosage et fertilisation : Bien arroser au printemps et en été, peu à partir de l'automne. Maintenir la motte humide. Donner un engrais dilué au printemps et en été.

Soins : Toute fronde flétrie ou abîmée doit être aussitôt enlevée si l'on veut conserver l'élégance de la plante.

Multiplication : Division, semis des spores.

Bougainvillea

Très appréciés pour leurs délicates bractées aux couleurs vives, ces arbustes grimpants garnissent merveilleusement les treillis et les murs de vérandas. Palissés sur un arceau, les petits sujets apportent une note charmante à un intérieur, mais les buissons qui peuvent atteindre trois mètres de haut , seront plus à leur aise en pleine terre. Outre les espèces et hybrides répertoriés ici, le genre compte désormais de nombreux cultivars et croisements qui éprouvent les mêmes besoins.

Bougainvillea* x *buttiana

Hybride du *B. glabra* et du *B. peruviana*, cette espèce décline plusieurs variétés dont les plus représentatives sont « Mrs Butt » et « Crimson Lake ». Toutes deux produisent du printemps à la fin de l'été de fines bractées écarlates qui tiennent des semaines entières. On appréciera tout autant les tonalités rosées de la « Miss Manila », ambrées de la « Mrs Helen McLean » et écarlates de la « Scarlet O'Hara ».

Bougainvillea glabra

L'été venu, les tiges épineuses de cette plante vigoureuse se couvrent de bractées doubles cramoisies. Certaines variétés se parent de pourpres et violets profonds, d'autres comme la « Variegata » sont joliment panachées. A noter également le mauve éclatant des élégantes « Magnifica », la symphonie de couleurs qu'offrent les « Rainbow » au fil des jours et le blanc immaculé des « Snow White ».

Bougainvillea spectabilis

Rarement cultivée en appartement, cette espèce aussi épineuse que vigoureuse porte des « fleurs » pourpres ou, selon les variétés, rouges, roses, blanches et jaune-orangé.

LES CLÉS DE LA RÉUSSITE

Température : 13°C minimum en hiver.

Humidité : Bassiner régulièrement la plante si elle est installée dans une pièce chauffée et au plus chaud de l'été.

Exposition : Bonne luminosité. Tolère les rayons du soleil levant et du soleil couchant, mais de préférence derrière une fenêtre, le soleil de midi brûlera feuilles et bractées.

Arrosage et fertilisation : Arrosages abondants et apports d'engrais réguliers en été. Un peu moins d'eau pendant le reste de l'année.

Lorsque les jeunes pousses apparaissent aux premiers jours de l'été, une motte détrempée risque de retarder la floraison.

Soins : Au besoin, rempoter au printemps. Très peu de bougainvillées fleurissent deux années de suite en appartement. Après la première floraison, mieux vaut les installer sous une véranda.

A l'automne, tailler les tiges pour préserver la compacité de la plante, et fixer les nouvelles pousses à un treillis.

Multiplication : Boutures.

A GAUCHE : Bougainvillea *(hybride)*.
CI-DESSOUS : Bougainvillea glabra *« Alexandra »*.

Browallia

Le genre compte essentiellement des herbacées, mais l'espèce la plus cultivée est en réalité une annuelle semi-buissonnante qui ne dure que l'espace d'une saison.

Browallia speciosa
(Violette bleue). Cette très jolie plante buissonnante aux fleurs bleu pâle ou foncé, blanches ou mauves, atteint environ 30 cm de hauteur. Il existe différentes variétés, à grand développement ou naines, portant de plus grosses fleurs que l'espèce mère. Semées à différentes saisons, les violettes bleues fleuriront votre intérieur été comme hiver.

LES CLÉS DE LA RÉUSSITE

Température : 10 à 15°C minimum. Éviter de préférence les pièces trop chaudes qui inhibent la floraison.
Humidité : Pas de besoins particuliers. Vaporiser les feuilles de temps à autre.
Exposition : Lumière vive, éventuellement directe. Éviter de placer derrière une fenêtre aux heures les plus chaudes de la journée.
Arrosage et fertilisation : Arrosages abondants tout au long de l'année et apports d'engrais réguliers.
Soins : Réserver un pot de 10 cm à chaque plante ou les planter par trois dans des pots de 15 cm. Pincer régulièrement les pousses terminales, surtout lorsque la plante est encore jeune, afin d'encourager une croissance buissonnante. Retirer immédiatement toute fleur fanée. Après la floraison, il est inutile de conserver la plante.
Multiplication : Semer à la fin de l'hiver ou au début du printemps pour une floraison estivale ou automnale, en été pour une floraison hivernale et printanière.

CI-DESSOUS : Browallia speciosa.

Brugmansia

Plus connus sous le nom de datura, les espèces et hybrides du genre adaptés aux intérieurs ou aux cours abritées sont généralement des arbustes de belle taille. Dans un jardin d'hiver, ils peuvent atteindre jusqu'à 1,8 m, voire davantage s'ils sont taillés chaque année. Malgré leur délicieux parfum, les fleurs, comme les autres parties de la plante, sont toxiques. Évitez-les si vous avez de jeunes enfants et ne les installez jamais dans une chambre à coucher.

Brugmansia* x *candida
Il déploie de grandes feuilles (d'une longueur souvent supérieure à 30 cm) et de superbes cloches blanches pouvant atteindre 20 cm de profondeur. Très parfumée, la variété « Plena » porte des fleurs doubles et peut fleurir toute l'année dans des conditions de culture idéales, même si l'été demeure la saison normale de la floraison. On la trouve également sous son autre nom, *Datura* x *candida.*

Brugmansia suaveolens
Très proche de la précédente, cette espèce également vendue sous le nom de *Datura suavolens*, arbore des fleurs très odorantes, plus imposantes encore. Il existe aussi une variété à fleurs doubles.

LES CLÉS DE LA RÉUSSITE
Température : En hiver, 7°C minimum.
Humidité : Aucune exigence particulière. Bassiner les feuilles de temps à autre.
Exposition : Emplacement clair, exposé à la lumière directe du soleil pendant une partie de la journée.
Arrosage et fertilisation : Bien arroser du printemps à l'automne, modérément pendant l'hiver. Administrer régulièrement de l'engrais entre le printemps et l'automne.
Soins : Rabattez les branches en fin de floraison pour éviter que la plante ne devienne trop encombrante. Planter dans un récipient pouvant être sorti en été et rapatrié à l'intérieur dès le début de la saison froide.
Multiplication : Boutures.

A DROITE : Brugmansia suavolens *(syn.* Datura suavolens*).*

Bryophyllum

Les deux espèces vivipares présentées ci-après sont, plus originales que décoratives. Au fil du temps, elles ont tendance à se dresser sur des tiges dégarnies. Ce sont en fait les minuscules plantules bordant des feuilles étranges qui les rendent intéressantes. L'amateur pourra à volonté les repiquer, et s'assurer la compagnie de jeunes plantes, faciles à cultiver. Merveilleuse initiation aux plaisir du jardinage, ces curieux spécimens ne manqueront pas de fasciner les enfants. Bien qu'elles répondent désormais au nom botanique de *Kalanchoe*, vous les trouverez encore sous leur ancienne appellation.

Bryophyllum daigremontianum
Cette plante austère, sans ramifications, se dresse sur près de 75 cm. Ses feuilles grasses et charnues sont tachetées de violet et leurs bords dentelés sont festonnés de minuscules plantules. Elle est aussi répertoriée sous le nom de *Kalanchoe daigremontiana.*

Bryophyllum tubiflorum
Les feuilles cylindriques, d'un vert pâle parsemé de taches sombres, confèrent à la plante un port érigé et portent sur leurs dentelures, situées sur leurs bords, de minuscules plantules. Commercialisée sous le nom de *Kalanchoe tubiflora*, les botanistes l'ont récemment rebaptisée *Kalanchoe dalagonensis.*

LES CLEFS DE LA RÉUSSITE
Température : Pas moins de 5°C en hiver.
Humidité : Supporte très bien l'air sec.
Exposition : Bonne lumière, à l'abri du soleil d'été.
Arrosage et fertilisation : Arrosages très modérés tout au long de l'année. En hiver, maintenir une très légère humidité pour éviter le dessèchement de la motte. Apports d'engrais réguliers en été, pour les grands sujets exclusivement.
Soins : Retirer les plantules tombées des feuilles avant qu'elles ne s'enracinent dans le terreau.
Multiplication : Repiquage des plantules.

CI-DESSUS : Brophyllum tubiflorum *(syn.* Kalanchoe tubiflora*).*
EN HAUT : Brophyllum daigremontianum *(syn.* Kalanchoe daigremontiana*).*

Calathea

Ces plantes tropicales, appréciées pour leur magnifique feuillage panaché, sont plutôt délicates et relativement difficiles à conserver en appartement. A moins que vous ne leur offriez un microclimat chaud et humide, elles ne tiendront que le temps de leur floraison.

Calathea crocata

Des fleurs orange se dressent pendant plusieurs semaines parmi une couronne de feuilles vert sombre au revers pourpre.

Calathea lancifolia

Sur ses étranges feuilles lancéolées, d'environ 45 cm de long, des taches sombres, dessinant un épi de part et d'autre de la nervure centrale, accentuent un relief nettement gaufré. Le revers de la feuille exhibe un violet profond. Cette espèce est également répertoriée dans un certain nombre d'ouvrages comme *Calathea insignis*.

Calathea lietzei

Les feuilles oblongues, légèrement ondulées et marquées sur le haut de grandes bandes sombres, se déploient sur une quinzaine de centimètres.

Calathea lubbersii

De part et d'autre de la nervure médiane, sont dessinées de grandes rayures irrégulières en V, qui illuminent de jaune vif les grandes feuilles vertes, et rendent la plante très attractive et très lumineuse.

Calathea makoyana

(Plante paon)

Les longues tiges portent de feuilles fines comme du papier et joliment striées de panachures dessinant des plumes argentées sur un fond vert vif. La face inférieure, pourpre, présente le même motif. L'espèce porte encore le nom de *Maranta makoyana*.

Calathea medio-picta
Sur la face supérieure d'un vert profond, une large bande crème borde la veine médiane des feuilles pointues de 15 à 20 cm de long.

Calathea picturata
Les feuilles vert sombre et ovales sont ici ourlées d'un bandeau jaune pâle plus clair que les épaisses panachures rayonnant de la veine centrale. La variété « Vandenheckei » est, quant à elle, rayée d'argent.

Calathea roseopicta
Déployées sur près de 20 cm, les feuilles ovales présentent de fines rayures rouges qui blanchissent avec le temps. La nervure centrale trace une ligne rouge qui rappelle le pourpre du revers de la feuille.

Calathea zebrina
La surface veloutée du limbe est symétriquement striée de larges bandes vert sombre, alors que le dessous de la feuille peut être gris-argenté ou pourpre.

LES CLÉS DE LA RÉUSSITE
Température : Pas moins de 16°C en hiver. Éviter les écarts thermiques trop brusques.
Humidité : Il est indispensable d'assurer un taux d'hygrométrie assez élevé.

CI-CONTRE À GAUCHE : Calathea crocata.
CI-CONTRE EN HAUT : Calathea lubbersii.
CI-CONTRE EN BAS : Calathea zebrina.
CI-DESSUS : Calathea picturata *« Vanerheckei ». (à gauche) et* Calathea lancifolia *(à droite).*

Exposition : Mi-ombre ou bonne lumière indirecte, particulièrement en hiver.
Arrosage et fertilisation : Arroser à volonté à l'eau douce du printemps à l'automne, réduire en hiver. Apports d'engrais en été.
Soins : Rempoter à chaque printemps. Éponger les feuilles de temps à autre.
Multiplication : Division.

Calceolaria

Les seules calcéolaires cultivées en appartement sont en réalité des hybrides qu'il est, parfois, possible de retrouver sous l'appellation *C.* x *herbeohybrida.* Malheureusement, ce sont toutes des annuelles que l'on ne peut garder qu'une saison.

***Calceolaria* hybrides**
(Calcéolaire, petite pantoufle)
Cette plante de printemps arbore d'étranges fleurs en forme de bourse jaunes, orangées, roses ou blanches, piquées de taches sombres, de couleur bordeaux. Selon les variétés, la plante peut atteindre 25 à 45 cm. La « Grandiflora » déploie des fleurs de près de 4 cm de large, tachetées de plusieurs teintes de rouge. Les grainiers proposent des semis pour un large éventail de variétés.

LES CLÉS DE LA RÉUSSITE
Température : 10 à 15°C si possible. Éviter d'exposer à la chaleur.
Humidité : Moyenne. Vaporiser de temps en temps la plante, sans mouiller les fleurs, lorsqu'elle est fleurie.
Exposition : Pleine lumière, à l'abri du soleil direct et des courants d'air.
Arrosage et fertilisation : Arroser sans jamais laisser la motte se dessécher.
Soins : Aux premiers signes d'infestation par des aphides, pulvériser un insecticide léger. En attendant la floraison, la plante se plaira dans un jardin d'hiver. En fin floraison, inutile de la garder pour la saison suivante.
Multiplication : Semer au début du printemps, en serre ou dans un jardin d'hiver. Il est néanmoins plus simple de se procurer une calcéolaire en fleurs.

A DROITE : Calceolaria herbeohybrida.

Campanula

A l'extérieur, la grande majorité des campanules ornent les rocailles. La *C. carpatica*, rustique, préférera retrouver la pleine terre après la floraison. Les autres espèces, rampantes ou retombantes, sont d'un bel effet dans un intérieur, mais elles se plairont davantage dans la chaleur d'une véranda.

Campanula carpatica
La plante forme une masse compacte de 15 à 25 cm de haut, qui se couvre en été de petites fleurs bleues ou blanches en forme de calice Vous la trouverez en pot, mais mieux vaut la replanter au jardin après la floraison.

Campanula fragilis
Ses tiges fines s'étendent sur 30 cm et portent, dès le début de l'été, des fleurs bleues.

Campanula isophylla
(Étoile de Bethléem, étoile de Marie)
En été, ses longues tiges gris-vert portent une profusion de fleurs étoilées mauves, ou blanches pour la variété « Alba » . Celles de la variété « Mayi » sont un peu plus grandes.

LES CLÉS DE LA RÉUSSITE
Température : *C. carpatica* est rustique, mais les autres espèces ne supporteront pas moins de 7°C en hiver.
Humidité : Aucune exigence particulière. Bassiner les feuilles de temps en temps.
Exposition : Pleine lumière, à l'abri du soleil direct en été.
Arrosage et fertilisation : Arroser à volonté du printemps à l'automne, et beaucoup plus modérément en hiver.
Soins : Éliminer régulièrement les fleurs fanées. Replanter la *C. carpatica* en pleine terre après la floraison. En fin de période de croissance, rabattre les tiges à 5 ou 8 cm, pour favoriser le buissonnement de la plante et éviter les enchevêtrements.
Multiplication : Boutures ou semis.

CI-DESSOUS : Campanula isophylla.

Capsicum

Le genre ne comporte qu'une espèce pour la culture en appartement. Les gousses de cette annuelle, changent de couleur en mûrissant et sont généralement coniques, mais certaines variétés portent des fruits sphériques

Capsicum annuum
(Piment d'ornement, piment commun)

Au printemps ou à l'été, de petites fleurs blanches naissent sur les branches, faisant place à des fruits verts qui virent au jaune, orangé, rouge ou violet. A la fin de l'année, cet arbuste apporte de la couleur au décor.

LES CLÉS DE LA RÉUSSITE
Température : Pas moins de 13°C en hiver.
Humidité : Vaporiser les feuilles.
Exposition : Bonne lumière. Soleil le matin ou l'après-midi.
Arrosage et fertilisation : Arroser à volonté, sans jamais laisser la motte se dessécher.
Soins : Le feuillage nu n'étant pas très décoratif, installer dans une jardin d'hiver en attendant l'apparition des premiers fruits. A l'intérieur, les fruits tiendront longtemps dans un microclimat humide, mais tomberont prématurément si l'air est trop sec.
Multiplication : Semis.

CI-DESSOUS : Capsicum annuum.

Catharantus

Le genre ne comporte que très peu d'espèces et une seule peut être acclimatée en appartement. Bien qu'il s'agisse d'une plante vivace, elle est traitée comme une annuelle.

Catharantus roseus
(Pervenche de Madagascar)
Du début de l'été jusqu'à la fin de l'automne, et parfois pendant toute l'année, les petites feuilles ovales vernissées, divisées par une nervure blanche très apparente, se parent de bouquets de fleurs. Roses ou blanches, leurs 5 pétales centrés de noir rappellent quelque peu l'impatiente. Vous la trouverez parfois sous le nom de *Vinca rosea.*

LES CLÉS DE LA RÉUSSITE
Température : Pas moins de 10°C.
Humidité : Moyenne.
Exposition : Pleine lumière, à l'abri du soleil de la mi-journée.
Arrosage et fertilisation : Arroser à volonté toute l'année et nourrir régulièrement.
Soins : Séparez-vous de la plante lorsqu'elle a perdu son éclat. Elle est facile à faire germer ou à reproduire à partir de boutures prélevées à la fin de l'été. Ne laisser pas la motte se dessécher. Pincer les pousses terminales pour stimuler la croissance.
Multiplication : Boutures ou semis.

A GAUCHE : Caryota mitis.
CI-DESSOUS : Catharantus roseus.

Caryota

De la famille des palmiers, ces plantes portent de curieuses feuilles dont le pourtour semble avoir été déchiré et rogné. En extérieur, la plupart des espèces atteignent une taille impressionnante, mais elles ne dépasseront pas 1,2 m en appartement.

Caryota mitis
Un sujet adulte porte de grandes frondes divisées en lobes irréguliers de près de 15 cm sur 10, présentant un profil dentelé.

LES CLÉS DE LA RÉUSSITE
Température : Pas moins de 13°C en hiver.
Humidité : Moyenne. Pulvériser régulièrement si la plante est installée dans une pièce chauffée.
Exposition : Pleine lumière, à l'abri des rayons du soleil en été.
Arrosage et fertilisation : Arroser à volonté du printemps à l'automne, beaucoup plus modérément en hiver, en veillant à maintenir la motte suffisamment humide. Apports d'engrais en été.
Soins : Ne rempoter que lorsque les racines ont envahi le pot, entravant ainsi la croissance. Au rempotage, prenez soin d'assurer un bon drainage. Éponger les feuilles de temps à autre.
Multiplication : Repiquage des drageons ou semis (plus délicat).

Celiosa

Aussi faciles à cultiver qu'à entretenir, ces plantes spectaculaires fleurissent en été, aussi bien, les massifs du jardin que tous les intérieurs. Vivaces, elles sont pourtant cultivées comme des annuelles et préfèrent très largement l'atmosphère d'une véranda à celle d'un salon.

Celiosa cristata
(Crête de coq)
Cette plante présente en été et au début de l'automne, de bien curieuses fleurs veloutées, dessinant d'épais bourrelets sinueux dans des tons de rouge, jaune, orangé ou rose. A cette espèce est désormais assimilée la *C. plumosa* dont l'inflorescence est tout à fait différente : de grands plumets jaunes et soyeux se dressent parmi une masse vert pâle de feuilles lancéolées. Ces plantes sont parfois encore cataloguées sous deux espèces distinctes, ou considérées comme des variétés de *C. argentea.*

LES CLÉS DE LA RÉUSSITE
Température : 10 à 15°C idéalement, mais elles auront inévitablement plus chaud en été. Les plantes tiennent mieux en intérieur et développent des couleurs plus vives lorsqu'elles sont au frais.
Humidité : Moyenne.
Exposition : Bonne lumière, à l'abri du soleil d'été si elles sont placées derrière une vitre.
Arrosage et fertilisation : Arroser modérément, sans détremper ni assécher la motte. Fertiliser régulièrement, à petites doses : un excès d'engrais riche en azote profiterait au feuillage mais affaiblirait la floraison.

CI-DESSUS : Celosia cristata *(syn.* C. argentea*), inflorescences en crête de coq.*

Soins : Ne pas conserver la plante en fin de floraison. Cultivée en serre, elle sera plus résistante, mais vous trouverez aisément dans le commerce de jeunes sujets prêts à fleurir.
Multiplication : Semis.

Cephalocereus

Ces cactus en forme de chandelle ne fleurissent que très rarement, mais leur tige recouverte de longs poils soyeux suffit à séduire l'amateur.

Cephalocereus chrysacanthus
L'épaisse colonne verte, surmontée d'un toupet de poils jaunes, est divisée en neuf ou quatorze côtes saillantes hérissées d'épines ambrées. Il laisse parfois percer de petites fleurs rouges. Son nom botanique exact est maintenant *Pilocereus chrysacanthus.*

Cephalocereus senilis
(Barbe de vieillard)
Ce cactus doit son nom commun aux longs fils blancs qui s'enroulent autour de sa tige dressée. Les plus gros spécimens portent parfois des fleurs roses.

LES CLÉS DE LA RÉUSSITE
Température : Pas moins de 16°C en hiver.
Humidité : Tolère un air sec. Vaporiser de temps en temps en été.
Exposition : Autant de lumière que possible, en soleil direct.
Arrosage et fertilisation : Très peu d'eau en été et pratiquement pas en hiver. Apports d'engrais au printemps et en été.
Soins : Ne rempoter qu'en cas d'absolue nécessité dans un pot à peine plus grand. Après cette opération, tuteurer la plante si nécessaire pendant un ou deux mois.
Multiplication : Semis.

A DROITE : Cephalocerus senilis.

CI-DESSUS : Cereus peruvianus.

Cereus

Ces cactées à tiges columnaires buissonnantes présentent d'étranges formes tordues et sinueuses qui leur confèrent un port sculptural. La plupart des espèces sont recouvertes d'une couche protectrice cireuse blanche, verte ou bleuâtre qui leur permet de retenir l'humidité. Ces plantes sont très vigoureuses et reçoivent volontiers des greffons provenant de cactées colorées.

Cereus azureus
Fièrement dressés sur des tiges divisées en six ou sept quartiers, les jeunes sujets sont couverts d'une pruine bleuâtre. A maturité, ils portent des fleurs blanches au revers brun.

Cereus chalybaeus
Les tiges columnaires à six côtes saillantes, parfaitement droites, sont couvertes d'une pruine bleutée et peuvent atteindre 10 cm d'épaisseur. Les fleurs, roses ou rouges sur la face externe, déploient un intérieur blanc.

Cereus jamacaru
Cette espèce à croissance rapide présente quatre à six quartiers munis d'épines brunâtres très acérées. Sur les sujets adultes, la colonne, souvent chamarrée de bleu, s'orne de fleurs blanches en forme de calice qui s'ouvrent à la nuit tombée. *Cereus jamacaru* « Monstrosus » développe des tiges difformes et enchevêtrées.

Cereus peruvianus
(Cierge)
La colonne subdivisée en cinq à huit sections est hérissée de grappes d'aiguilles brunes très acérées, massées autour d'une épine pouvant atteindre 2 cm de long. Les pousses torses de *C. p.* « Monstrosus » confèrent à ce cactus une apparence difforme. Les vieux sujets, dépassant parfois 1 m de haut, peuvent fleurir en été, donnant des fleurs blanches de 10 à 15 cm, au revers rouge. L'espèce a été rebaptisée *C. uruguayanus.*

LES CLÉS DE LA RÉUSSITE
Température : pas moins de 5°C en hiver.
Humidité : Tolère une atmosphère sèche.
Exposition : Autant de lumière que possible, en soleil direct.
Arrosage et fertilisation : Arroser modérément au printemps et en été, très peu en hiver.
Soins : Ne rempoter qu'en cas d'absolue nécessité. Vaporiser, de temps en temps, pour rafraîchir la plante. Installer au jardin en été.
Multiplication : Semis ou boutures (pour les espèces à branches multiples).

Ceropegia

Cette famille de plantes grasses compte plus de 150 espèces, dont seules quelques-unes sont cultivées. Certaines se dressent sur des tiges charnues et souvent dénudées, mais les plus populaires demeurent les espèces rampantes et retombantes.

Ceropegia radicans
Les tiges grasses, garnies de feuilles oblongues charnues, s'étendent sur le pot et s'enracinent très facilement. Elles portent de longues fleurs en forme de trompette, rayées de vert, blanc et cramoisi.

Ceropegia stapeliiformis
Cette espèce buissonnante se dresse sur d'épaisses tiges écailleuses, mouchetées de gris-brun , qui portent des fleurs en clochette vert pâle tachetées de pourpre.

Ceropegia woodii
(Chaîne des cœurs)
Installée dans une suspension haute, cette plante laisse retomber sur près d'un mètre de longues tiges filiformes, portant de petites feuilles en forme de cœur saupoudrées d'argent. En été, elle s'orne de fleurs tubulaires roses à peine visibles et de petits tubercules se forment parfois sur les tiges. Son nouveau nom botanique est *C. linearis woodii.*

LES CLÉS DE LA RÉUSSITE
Température : pas moins de 10°C en hiver.
Humidité : Tolère une atmosphère sèche
Exposition : Bonne luminosité. Supporte

CI-DESSUS : Ceropegia woodii.

aussi bien le plein soleil que la mi-ombre.
Arrosage et fertilisation : Arroser très modérément tout au long de l'année, surtout en hiver. Apports d'engrais dilué réguliers en été.
Soins : Tailler les tiges étiolées et dénudées au printemps.
Multiplication : Semis, marcottage, boutures de tiges comportant un tubercule.

Chamaecereus

Le genre ne compte qu'un seul représentant, que les botanistes classent désormais parmi les *Echinopsis* et ont rebaptisé *Echinopsis chamaecereus*. Facile à cultiver, ce cactus est de ceux dont la floraison, pratiquement garantie, est la plus spectaculaire.

Chamaecereus silvestrii
(Cierge de Sylvestre)
Ce cactus forme des touffes de tiges courtes et épaisses, chargées d'épines claires, retombant sur le rebord du pot. Au début de l'été, de superbes fleurs rouge vermillon, déploient leurs longs pétales sur ce fond de verdure.

LES CLÉS DE LA RÉUSSITE
Température : Fraîche en hiver, mais ne pas descendre en dessous de 3°C, pour obtenir une belle floraison.
Humidité : Supporte une atmosphère sèche.
Exposition : Pleine lumière, à l'abri du soleil direct.
Arrosage et fertilisation : Arroser à volonté du printemps à l'automne, et pratiquement pas en hiver. Apporter régulièrement un engrais dilué du printemps à la fin de l'été.
Soins : Laisser la plante se reposer en hiver, sans lui donner de soins. Installée dans un endroit frais et sec, la plante semblera s'étioler, mais la floraison n'en sera que plus généreuse.
Multiplication : Semis, boutures.

CI-DESSOUS : Chamaecereus silvestrii.

Chamaedorea

Le genre compte plus d'une centaine d'espèces dont le plus célèbre représentant est le *C. elegans*, tout aussi apprécié pour sa petite taille que pour son caractère accommodant.

Chamaedorea elegans
(Palmier nain)
Ce petit palmier porte des frondes effilées, délicatement pennées, dessinant un arc à partir de la tige centrale. Les plus petits spécimens ne dépassent pas 15 à 30 cm, mais à maturité, les troncs, semblables à des roseaux, peuvent se dresser sur 60 cm. Les jeunes plantes donnent des bouquets de boules jaunes. Cette espèce est également répertoriée sous le nom de *Neanthe bella*.

A DROITE : Chamaedorea elegans.

LES CLÉS DE LA RÉUSSITE
Température : Entre 12 et 15°C en hiver.
Humidité : Bassiner les feuilles de temps à autre, même en hiver, si la plante est dans une pièce chauffée.
Exposition : Pleine lumière, à l'abri des rayons du soleil.
Arrosage et fertilisation : Bien arroser du printemps à l'automne et humidifier légèrement la motte en hiver. Au printemps et en été, apports réguliers d'engrais dilué.
Soins : Rempoter lorsque les racines sortent par les trous de drainage. Éviter d'installer dans une pièce surchauffée en hiver, époque à laquelle la plante est en dormance.
Multiplication : Semis ou division.

Chamaerops

Dans leur environnement naturel, ces palmiers aux longues feuilles en éventail peuvent atteindre des sommets, mais en pot, ils dépassent rarement le mètre. Une seule espèce est adaptée aux intérieurs.

Chamaerops humilis
(Doum d'Afrique du nord)
Il déploie de larges frondes ouvertes en éventail à l'extrémité de longs pétioles rigides dressés sur un tronc trapu, que l'on ne distingue que sur les sujets âgés.

LES CLÉS DE LA RÉUSSITE
Température : Entre 3 et 10°C en hiver. Éviter les pièces surchauffer en hiver. Au besoin, il supportera le gel, si les racines sont parfaitement sèches.
Humidité : Exige un microclimat ambiant très humide. Bassiner régulièrement les feuilles, particulièrement si la pièce est chauffée.
Exposition : Bonne lumière, à l'abri du soleil d'été.
Arrosage et fertilisation : Bien arroser du printemps à l'automne. En hiver, humidifier la motte si la pièce est chauffée, et la laisser se dessécher si la plante est au frais.
Soins : Après quelques jours d'acclimatation, il passera volontiers l'été au jardin. Éponger les feuilles de temps en temps. Éliminer les pointes brunies sans trancher dans la partie saine de la feuille. Rempoter les jeunes sujets tous les deux ou trois ans.
Multiplication : Semis.

CI-DESSOUS : Chamaerops humilis.

Chlorophytum

Bien que le genre compte près de 200 espèces différentes, vous ne pourrez en acclimater que quelques-unes chez vous. Le *Chlorophytum comosum,* qui nous vient d'Afrique du Sud, décline de très jolies variétés panachées.

Chlorophytum comosum
(Phalangère, phalangium, plante-araignée)
Installée dans une suspension, les longues lanières , pouvant mesurer 2 cm de large, s'arquent gracieusement sur 30 à 60 cm. A l'extrémité d'une longue hampe retombante, elle porte des fleurs blanches étoilées au cœur d'une rosette de feuilles qui bientôt, donnera naissance à une nouvelle plante.

A GAUCHE : Chlorophytum comosum *« Vittatum ».*

Sur les hybrides « Variegatum » et « Vittatum », les feuilles sont parcourues en leur centre d'une large rayure blanche.

LES CLÉS DE LA RÉUSSITE
Température : Pas moins de 7°C en hiver. Tolère des températures proches de 0°C, mais mieux vaut lui offrir un peu plus de chaleur pour la garder en pleine santé.
Humidité : Aucune exigence particulière. Bassiner les feuilles de temps à autre.
Exposition : Pleine lumière, à l'abri du soleil direct.
Arrosage et fertilisation : Bien arroser et nourrir régulièrement du printemps à l'automne, et réduire les apports d'eau en hiver.
Soins : Rempoter les jeunes plantes au printemps. Pour les sujets mûrs, attendre que les racines envahissent le pot.
Multiplication : Repiquage des plantules et possibilité de division de la motte pour les sujets volumineux.

Chrysanthemum

Inutile de présenter les chrysanthèmes en pots qui fleurissent en toutes saisons. Les horticulteurs utilisent des produits chimiques pour limiter sa croissance et le plongent dans l'obscurité pendant une partie de la journée pour stimuler la floraison à date fixe. Leur véritable nom générique, *Dendranthema,* n'est pratiquement pas usité. De même, les professionnels désignent très rarement par leur nom les variétés de chrysanthèmes en pot, issus de nombreuses espèces. Ces bouquets gagneront à être rassemblés dans un même pot.

Chrysanthèmes en pot
Ces plantes fleuries forment généralement un buisson de 30 cm de haut, qui se couvre des fleurs les plus diverses : simples ou doubles, rouges, roses, violettes, jaunes ou blanches, elles déploient ou replient leurs pétales tout au long de l'année. Lorsque la floraison n'est pas forcée, elle a normalement lieu à l'automne.

LES CLÉS DE LA RÉUSSITE
Température : De préférence entre 10 et 15°C. Dans une pièce chaude, les fleurs tiendront beaucoup moins longtemps.
Humidité : Aucune exigence particulière. Bassiner les feuilles de temps en temps, sans asperger les fleurs.
Exposition : Si vous envisagez de la jeter après la floraison, placez là où bon vous semble, et en lumière indirecte si vous voulez tenter de la remettre en pleine terre.
Arrosage et fertilisation : Maintenir la motte humide en permanence. Aucun apport d'engrais ne s'impose.
Soins : Retirer régulièrement les fleurs fanées. Replantées au jardin au printemps ou en été, certaines variétés reprendront leur cycle végétatif normal, d'autres ne survivront pas.
Multiplication : Boutures, mais l'opération est aussi laborieuse qu'incertaine pour ce type de plantes.

CI-DESSOUS : *Un beau* Chrysanthemum *à floraison annuelle.*

Cissus

Ces plantes tropicales, grasses ou ligneuses, déclinent près de 350 espèces, parmi lesquelles les célèbres vignes d'appartement, qui s'accrochent à leurs treillis par des vrilles. Idéales pour former un fond de verdure, il arrive qu'elles laissent poindre en été quelques fleurs vertes, difficiles à discerner.

Cissus antarctica
(Vigne d'appartement, vigne des kangourous, plante à tout faire)
Palissée sur une colonne, ou placée dans un panier suspendu, cette vigne peut étaler sur plus de 3 mètres ses longues tiges ligneuses. Ses feuilles ovales, d'un vert foncé luisant, sont festonnées sur les rebords.

Cissus discolor
(Vigne veloutée)
Un peu plus délicate, cette plante grimpante étend des rameaux rouges à feuilles pointues en forme de cœur, alliant des nervures rouge bordeaux à des panachures argentées et vert olive. Le revers des feuilles affiche un cramoisi magnifique.

Cissus rhombifolia
(Fausse vigne, vigne du Natal, vigne royale, liane du voyageur)
Résistante et vigoureuse, cette espèce présente un feuillage vert sombre couvert sur le revers d'un duvet rougeâtre. Les feuilles sont composées de trois folioles pointues et dentées, disposées en éventail. La variété « Ellen danica » présente des lobes profondément marqués. L'espèce est encore largement commercialisée sous son ancien nom, *Rhoicissus rhomboidea.*

CI-HAUT : Cissus rhombifolia.
CI-DESSUS : Cissus antarctica.

LES CLÉS DE LA RÉUSSITE

Température : Pas moins de 7 à 13°C en hiver, et pas moins de 16°C pour *C. discolor.*
Humidité : Aucune exigence particulière Bassiner les feuilles de temps à autre, en été.
Exposition : Pleine lumière, à l'abri du soleil direct. Mi-ombre pour *C. discolor.*
Arrosage et fertilisation : Bien arroser du printemps à l'automne, peu en hiver.
Soins : Pincer les pousses terminales des jeunes plantes pour stimuler une croissance ramifiée. Fixer les jeunes pousses au support. Élaguer les tiges folles au printemps. Vaporiser ou éponger les feuilles de *C. antarctica* pour les lustrer et les dépoussiérer. Les autres espèces apprécieront également d'être nettoyées de temps en temps.
Multiplication : Boutures.

x Citrofortunella

Ces arbustes hybrides, issus du croisement des genres *Citrus* et *Fortunella*, sont essentiellement cultivés pour leur feuillage persistant et leurs fruits. Ainsi, x *C. microcarpa* (Syn. *Citrus mitis* et x *Citrofortunella mitis*), portant de minuscules oranges, meuble avec autant de bonheur les vérandas ou les jardins d'hiver que les halls d'entrée, les salons ou les pièces de séjour.

x *Citrofortunella microcarpa*
(Oranger du Panama, oranger calamondin, oranger nain, calamondin)
Le feuillage vert sombre de cet arbuste ramassé brille de tous ses feux et accueille, dès son plus jeune âge, de petites grappes de fleurs blanches parfumées qui donneront naissance à des oranges de 4 cm de diamètre – malheureusement trop amères pour être comestibles. La floraison naturelle a lieu en été, mais elle peut être forcée en toutes saisons. Dans de bonnes conditions, la touffe atteindra près de 1,2 m.

x ***Citrofortunella mitis*** voir x *Citrofortunella microcarpa*.

LES CLÉS DE LA RÉUSSITE
Température : Pas moins de 10°C en hiver.
Humidité : Aucune exigence particulière. Bassiner les feuilles de temps à autre.
Exposition : Pleine lumière, à l'abri du soleil derrière une vitre.
Arrosage et fertilisation : Arroser à volonté en été, modérément en hiver. Pendant l'été, nourrir régulièrement d'un engrais riche en fer et en magnésium, si la plante semble s'étioler.
Soins : Installer au jardin, pour l'été, après quelques jours d'acclimatation. Encourager la pollinisation des fleurs en les tamponnant avec un morceau de ouate ou un pinceau à poils souples.
Multiplication : Boutures.

A DROITE : x Citrofortunella microcarpa *(syn.* Citrus mitis*)*.
CI-DESSOUS A DROITE : Clerodendrum thomsoniæ.

Clerodendrum

Le genre compte près de 400 espèces, rustiques pour certaines, regroupant essentiellement des arbres ligneux, des arbustes et des plantes grimpantes. La plus cultivée en intérieur est la *C. thomsoniae*, mais encore préfère-t-elle l'atmosphère d'un jardin d'hiver.

Clerodendrum philippinum
Ses larges feuilles ovales peuvent atteindre 25 cm de long et sont recouvertes sur le revers d'un fin duvet. Elle produit pratiquement toute l'année des fleurs odorantes.

Clerodendrum splendens
Au début de l'hiver et vers la fin du printemps, des fleurs jaunes en plumet retombent parmi les feuilles dentelées en forme de cœur, dégradant un vert foncé vers le haut et plus pâle vers le bas.

Clerodendrum thomsoniae
(Arbre de la chance)
Ses tiges grimpantes peuvent s'agripper sur plus de 2,5 m au treillis d'un jardin d'hiver ou d'une véranda. Les feuilles d'un vert profond, en forme de cœur, s'écartent en été pour laisser s'épanouir pendant plusieurs semaines de superbes bouquets de fleurs blanches dont les pointes rouges tomberont bientôt.

LES CLÉS DE LA RÉUSSITE
Température : Pas moins de 13 à 15°C en hiver.
Humidité : Vaporiser régulièrement les feuilles.
Exposition : Pleine lumière, à l'abri du soleil direct.
Arrosage et fertilisation : Arroser à volonté et nourrir régulièrement du printemps à l'automne. Réduire les apports d'eau en hiver.
Soins : Pour discipliner la croissance d'une plante suspendue ou buissonnante, tailler les tiges des deux tiers vers la fin de l'hiver, après la chute des feuilles. Pincer les pousses terminales des jeunes sujets pour les faire buissonner. Fixer les longues tiges à un support.
Multiplication : Boutures, semis.

Clivia

Ces plantes vivaces au feuillage persistant portent au printemps de gros bouquets de fleurs évasées. Contrairement aux autres genres de la famille des amaryllis, celui-ci présente non un bulbe mais des racines rhizomateuses charnues. Nous présentons ci-après l'espèce qui est la plus communément cultivée.

Clivia miniata

(Clivie vermillon, plante de Saint Joseph)
Ses feuilles rubanées, de plus de 5 cm de large s'élèvent directement du sol en éventail. De gros bouquets de 10 à 20 fleurs jaunes ou orange apparaissent au début du printemps.

LES CLÉS DE LA RÉUSSITE

Température : 10° minimum en hiver. Éviter les pièces surchauffées.
Humidité : Aucune exigence particulière.
Exposition : Bonne lumière, à l'abri du soleil direct en été.
Arrosage et fertilisation : La plante ne fleurira que si elle est correctement arrosée, modérément du printemps à l'automne et très peu en hiver, jusqu'à ce que la tige des fleurs atteigne 15 cm. Un arrosage excessif favorise la croissance des feuilles mais inhibe la floraison. Les racines pourrissent très facilement si la motte est détrempée. Apports d'engrais dès apparition des premières fleurs jusqu'au début de l'automne.
Soins : Éponger les feuilles de temps à autre. Couper les tiges dégarnies à la base. Ne rempoter les sujets mûrs que lorsque les racines émergent du pot et après la floraison.
Multiplication : Division, après la floraison. Choisir des plantules comportant au moins quatre feuilles.

CI-DESSOUS : Clivia miniata.

Cocos

Le genre, peu fourni, ne comporte que deux espèces d'intérieur : *Cocos nucifera* atteint très rapidement une taille respectable, alors que *Cocos weddeliana* demeure assez compact pour garnir une table. Ces deux espèces sont néanmoins difficiles à garder longtemps au salon.

Cocos nucifera

(Cocotier)
Des tiges dressées, portant des frondes arquées divisées en deux, émergent d'une grosse noix placée en surface du mélange terreux. Bien que sa croissance soit lente, cette plante originale atteindra aisément 3 m de haut en intérieur.

Cocos weddeliana

(Cocotier nain)
Ses frondes brillantes, divisées en fines lanières disposées en chevrons, surgissent d'une base épaisse. Les plus petits sujets, à croissance très lente, conviennent particulièrement aux jardins en bouteille. L'espèce est également répertoriée sous les noms de *Lytocaryum weddeliana*, *Microcoelum*

CI CONTRE À DROITE : Cocos nucifera.
CI-DESSUS : Cocos wedeliana.

weddelianum et *Syagrus weddeliana*, et certains spécialistes lui préfèrent encore celui de *Syagrus cocoides*.

LES CLÉS DE LA RÉUSSITE

Température : Pas moins de 18°C en hiver.
Humidité : Assurer une humidité ambiante élevée.
Exposition : Bonne lumière, avec un peu de soleil du matin ou de l'après-midi, mais éviter de placer derrière une fenêtre exposée aux rayons de midi.
Arrosage et fertilisation : Arrosages abondants en été, modérés en hiver. Ne jamais laisser la motte s'assécher. Apports d'engrais dilué en été.
Soins : Éponger les feuilles de temps à autre. Les produits lustrants sont à bannir. Rempoter les jeunes sujets au printemps.
Multiplication : Semis, mais cette technique, qui est plutôt difficile, est réservée aux amateurs avertis.

Codiaeum

Le genre compte quelques arbustes à feuillage persistant vivement coloré. La plupart des crotons cultivés aujourd'hui sont issus de nombreux croisements et généralement regroupées dans la vaste catégorie des *C. variegatum pictum*, déclinant des centaines d'hybrides. Les cultivars les plus répandus sont le « Goldfinger », portant d'étroites feuilles vert pâle rayée de jaune en leur centre, le « Mrs Iceton », aux feuilles ovales rousses, panachées de rouge et rose, et le « Gold Ring », présentant de longues feuilles étroites, ondulées et tordues.

Codiaeum variegatum pictum

Le feuillage de ces hybrides offre une surprenante variété de teintes, de tailles et de formes : les feuilles épaisses et brillantes, vivement panachées, peuvent être finement digitées, larges ou profondément lobées et entortillées sur elles-mêmes. Vertes, à l'origines, elles virent avec le temps au rouge, orangé, rose, pourpre, brun , et parfois au noir. En été, les crotons portent parfois de minuscules fleurs insignifiantes.

LES CLÉS DE LA RÉUSSITE

Température : Pas moins de 16°C en hiver.
Humidité : Installer dans un microclimat humide et bassiner régulièrement les feuilles.
Exposition : Pleine lumière, à l'abri des rayons du soleil d'été.
Arrosage et fertilisation : Arrosages copieux du printemps à l'automne, modérés en hiver. Apports d'engrais réguliers au printemps et en été.
Soins : Éviter les courants d'air froid. Ne rempoter que lorsque les racines ont entièrement colonisé le pot.
Multiplication : Boutures.

CI-DESSOUS : Codiaeum variegatum pictum.

Colchicum

Le cormus des colchiques peut fleurir sans mélange terreux et, vers la fin de l'été, certains amateurs se plaisent à exposer d'étranges potées sur un appui de fenêtre ensoleillé. Après la floraison, elles peuvent être replantées en pleine terre. Nous vous proposons ici l'espèce la plus courante, mais pratiquement toutes les autres ont les mêmes exigences.

Colchicum automnale
(Colchique d'automne)
Au début de l'automne, des fleurs rappelant le crocus déploient leurs pétales roses, un peu plus pâles en intérieur qu'en massif. Les feuilles, comme le cormus, sont toxiques et n'apparaissent pas avant le printemps.

LES CLÉS DE LA RÉUSSITE
Température : Cette plante résistante supporte toutes les plages de température et peut être remise en pleine terre après la floraison.
Humidité : Aucune exigence particulière.
Exposition : Installer sur une rebord de fenêtre lumineux, à l'abri du soleil direct.
Arrosage et fertilisation : Aucune exigence particulière.
Soins : Stabiliser les cormus dans une coupelle de sable ou de galets secs et installer la potée en pleine lumière en attendant la floraison, sans jamais leur donner d'eau. Après la chute des fleurs, planter au jardin en mi-ombre et enfouir sous 10 cm de terreau. Il est néanmoins plus simple de racheter des cormus à chaque saison.
Multiplication : Semis ou division des grosses touffes.

A DROITE : Colchicum automnale.

Coleus

Le genre rassemble près de 200 espèces d'arbustes buissonnants vivaces, annuels ou à feuillage persistant, particulièrement appréciés pour leurs remarquables couleurs vives. Seuls les hybrides du *C. blumei* sont réellement adaptés aux intérieurs. Les botanistes ont rebaptisé le genre *Solenostemon*, nom qui, toutefois, demeure plutôt assez rarement utilisé.

***Coleus blumei* hybrides**
(Crotons du pauvre, orties d'appartement)
Bien qu'il s'agisse d'une espèce vivace, ces minuscules arbustes sont traités comme des annuelles. La plupart forment une touffe généreuse de feuilles ovales très douces, légèrement dentées, alors que d'autres sont profondément découpées. Les panachures, aux motifs les plus divers, couvrent des palettes de rouge, jaune et vert. Certains cultivars peuvent être multipliés à partir de boutures, mais les grainiers proposent un vaste éventail de semis, qui germent très facilement. Les boutures et jeunes plantes passeront de préférence l'hiver sous une véranda ou dans la chaleur d'un jardin d'hiver.

LES CLÉS DE LA RÉUSSITE
Température : 10°C minimum en hiver.
Humidité : Assurer une humidité ambiante élevée et bassiner les feuilles régulièrement.
Exposition : Pleine lumière, à l'abri des rayons du soleil de la mi-journée et d'été.
Arrosage et fertilisation : Arrosages fréquents à l'eau douce et apports d'engrais du printemps à l'automne. Humidifier légèrement la motte en hiver.
Soins : Pincer à plusieurs jours d'intervalle les pousses terminales des jeunes plantes pour stimuler une croissance buissonnante. Rabattre impitoyablement les rameaux des sujets âgés pour regarnir la partie inférieur, et rempoter au printemps.
Les semis donnent une profusion de plantes, qui ne seront malheureusement pas toutes aussi réussies. Dès apparition des premières panachures, trier les plus belles et sacrifier les autres.
Multiplication : Semis au printemps. Boutures de tiges au printemps ou en été.

A DROITE : Coleus *(hybrides)*.

Columnea

Le genre regroupe des arbustes miniatures et des annuelles grimpantes ou rampantes à feuillage persistant, qui nous viennent des forêts tropicales d'Amérique centrale.

Columnea* x *banskii

Les longues tiges retombantes portent des feuilles cireuses, vertes sur le dessus et rougeâtres sur le dessous. En hiver et au printemps, elles se couvrent de fleurs orangées en forme de tube retroussé de 6 cm de long.

Columnea gloriosa

Des fleurs rouges à base jaune, de près de 8 cm de long, apparaissent au printemps ou en hiver. Les petites feuilles, poussant par paires, sont couvertes d'un duvet rouge.

Columnea hirta

Les tiges rampantes ou retombantes s'enracines à intervalles dans le pot. Au printemps, cette plante hérissée de petits poils rigides se pare de fleurs tubulaires rouges de près de 10 cm de long.

Columnea microphylla

Dans une suspension, les tiges garnies de minuscules feuilles rondes peuvent retomber sur près d'un mètre. Au printemps ou à l'été, des fleurs rouge orangé apparaissent.

LES CLÉS DE LA RÉUSSITE

Température : 13°C minimum en hiver.

Humidité : Exige un taux d'humidité élevé. Vaporiser fréquemment les feuilles.

Exposition : Pleine lumière, à l'abri du soleil direct en été.

Arrosage et fertilisation : Arrosages abondants du printemps à l'automne, modérés en hiver. Nourrir au printemps et en été.

Soins : Bien taillez les tiges après la floraison afin de discipliner le buissonnement. Rempoter tous les deux ou trois ans, de préférence dans un terreau fibreux riche en humus, comme les mélange adaptés aux orchidées ou aux broméliacées.

Multiplication : Boutures.

EN HAUT : Columnea microphylla.
AU CENTRE : Columnea hirta.
CI-DESSUS : Columnea gloriosa.

CI-DESSUS À GAUCHE : Cordyline australis.
CI-DESSUS : Cordyline terminalis *(syn.* C. fructicosa*) « Kiwi ».*

Cordyline

Ces plantes arbustives sont essentiellement cultivées pour leur feuillage persistant, hautement décoratif. Certaines espèces du genre sont assez souvent confondues avec des *Dracaena*, mais ces deux genres se distinguent par leurs racines : les racines coupées des *Cordyline*, blanches et noueuses, colonisent assez rapidement le pot, alors que celles des *Dracaena*, orange et lisses, s'étendent vers le bas.

Cordyline australis
Les feuilles étroites en forment de lance, retombent sur près d'un mètre en un gracieux panache vert. Certaines variétés sont ourlées de jaune ou de rouge, et *Cordyline australis* « Purpurea » présente un feuillage cramoisi. Sur les jeunes plantes élevées en intérieur, la base, pratiquement invisible, n'apparaît que bien plus tard. Ces sujets ne fleurissent qu'exceptionnellement en appartement.

Cordyline fructicosa
(Dragonnier)
Également classifiée sous les noms de *Cordyline terminalis* et de *Dracaena terminalis*, l'espèce mère dresse de longues feuilles lancéolées d'un vert uni, mais de nombreuses variétés présentent des feuilles larges ou étroites, généreusement panachées de reflets rouge, rose ou crème. Le feuillage des plus jeunes plantes, relativement compactes, semble jaillir de terre, mais avec le temps, les plantes s'étoffent et laissent apparaître un tronc ligneux.

Cordyline terminalis voir *Cordyline fructicosa.*

LES CLÉS DE LA RÉUSSITE
Température : Pas moins de 13°C pour *Cordyline fructicosa. Cordyline australis*, plus résistante, supporte un minimum de 3°C en hiver.
Humidité : *Cordyline australis* n'éprouve aucun besoin particulier, mais les espèces tropicales, comme *Cordyline fructicosa* exigent une humidité élevée et doivent être vaporisées régulièrement.
Exposition : Pleine lumière, sans soleil direct. *Cordyline australis* tolère les rayons du soleil, à moins qu'elle ne soit placée derrière une vitre en été.
Arrosage et fertilisation : Arrosages abondants du printemps à l'automne, réduits en hiver. Nourrir les espèces tropicales du printemps à l'automne et *Cordyline australis* mois fréquemment.
Soins : Éponger les feuilles de temps en temps afin de les dépoussiérer et les lustrer. Rempoter tous les deux ans à l'époque du printemps. Après quelques jours d'acclimatation, *Cordyline australis* et ses différentes variétés se plairont davantage au jardin en été et, dans les régions tempérées, les plus résistantes pourront même être plantés en pleine terre durant toute l'année, en les protégeant en période de gel.
Multiplication : Boutures par œil, en germoir de préférence. Marcottage aérien pour les sujets anciens, dénudés à la base.

Crassula

Riche de près de 300 espèces grasses, ce genre rassemble des plantes naines, de moins de 2,5 cm, et d'immenses sujets pouvant dépasser les 5 m de haut. nous proposons ici quelques espèces adaptées aux appartements ou aux jardins d'hiver.

Crassula arborescens
(Dollar d'argent)
Les feuilles charnues presque rondes, argentées et bordées de rouge, forment un petit arbre touffu qui, dans un milieu idéal, peut atteindre 1,8 m. En été, les sujets adultes

CI-DESSOUS : Crassula argentea.

CI-DESSUS : Crassula lycopodiodes.
A DROITE : Crassula arborescens.

donnent naissance à de charmantes petites fleurs blanches qui virent au rosé.

Crassula argentea voir *Crassula portulacea.*

Crassula ovata voir *Crassula portulacea.*

Crassula portulacea
Ce petit arbre dressé sur un tronc trapu dépasse parfois le mètre. Ses rameaux déploient d'épaisses feuilles grasses de 2 à 5 cm de long, d'un vert brillant, marginées de rouge. L'espèce porte également les noms de *Crassula argentea* et *Crassula ovata.*

Crassula lycopodiodes
Les grosses tiges charnues, recouvertes sur quatre rangées de minuscules feuilles grasses disposées en écailles, dressent de grosses touffes très fournies. Au printemps, cette plante, rebaptisée *Crassula mucosa,* porte d'infimes fleurettes jaunâtres.

LES CLÉS DE LA RÉUSSITE
Température : 7 à 10°C en hiver. Éviter les pièces surchauffées qui risquent d'être fatales au feuillage.
Humidité : Tolère un air sec.
Exposition : Bonne lumière, en plein soleil si possible. Les feuillages vert pâle ou habillés d'une pruine argentée résistent mieux au soleil direct derrière une vitre.
Arrosage et fertilisation : Arroser très modérément et laisser la motte s'assécher en hiver. Pendant l'été, apporter de temps en temps un engrais dilué.
Soins : Rempoter les jeunes sujets à chaque printemps en veillant à réduire les arrosages après l'opération pour éviter un pourrissement racinaire.
Multiplication : Boutures de feuilles et de bourgeons. Semis, éventuellement.

Crocus

Ces fleurs à cormus fleurissent pour la plupart au printemps, d'autres à l'automne. Les espèces à floraison printanière demeurent toutefois les plus répandues.

Crocus chrysanthus
Les fleurs caractéristiques du genre, sont un peu plus petites que celles des autres espèces et apparaissent plus tôt. L'espèce mère, rarement cultivée, décline une gamme de variétés aux tonalités les plus diverses qui, plantées à l'automne, fleurissent vers la fin de l'année. Toutes déploient de fines lanières nervurées de blanc sur tout leur longueur.

Crocus à feuilles larges
Les fleurs de ces bulbes, issus de l'espèce *Crocus venus,* déploient de larges pétales parmi un feuillage léger de brindilles tendres striées de blanc. Nombre de variétés, plantées à l'automne, fleurissent vers la fin de l'hiver ou au début du printemps.
LES CLÉS DE LA RÉUSSITE
Température : Fraîche. Laisser en pleine terre jusqu'à la moitié de l'hiver, à l'abri du gel et des pluies qui risquent de détremper la motte. A l'intérieur, garder au frais jusqu'à formation des premiers boutons.
Humidité : Aucune exigence particulière.
Exposition : Bonne lumière en intérieur, baignée de soleil pour encourager la floraison.
Arrosage et fertilisation : Veiller à ne pas détremper les cormus, très sensibles au pourrissement.
Soins : Remettre en pleine terre après la floraison. Les cormus ne pourront être forcés deux saisons de suite.
Multiplication : Repiquage des rejets du cormus ou semis. Ces techniques sont plutôt l'apanage des professionnels car un cormus ne peut produire des fleurs qu'après plusieurs années. L'amateur préférera acheter des cormus prêts à fleurir.

CI-DESSUS : Crocus, *hybride à grandes fleurs.*

CI-DESSUS : Crossandra infundibuliformis.

Crossandra

Parmi ces plantes semi-arbustives tropicales à feuillage persistant, de très rares espèces peuvent être acclimatées en intérieur. Celle qui est décrite ici, figure parmi les plantes que l'on trouve le plus communément.

Crossandra infundibuliformis
Du printemps à l'automne, des fleurs tubulaires orange de près de 2 cm de long s'ouvrent à l'extrémité d'épis verts, dressés sur une couronne de feuilles brillantes et foncées, ovales ou lancéolées, selon les variétés. L'espèce, que l'on appelle également *C. undulifolia*, peut atteindre de 30 à 60 cm en intérieur.

LES CLÉS DE LA RÉUSSITE
Température : Surtout pas moins de 13°C en hiver.
Humidité : Exige une humidité élevée. Bassiner les feuilles régulièrement.
Exposition : Pleine lumière, à l'abri du soleil direct en été.
Arrosage et fertilisation : Arroser copieusement en été, moins souvent en hiver, la motte ne doit pas être trempée.
Soins : Éliminer très régulièrement les fleurs fanées. Ceci permet de prolonger la période de floraison. Si le besoin s'en fait sentir, ne pas hésiter à rempoter au printemps.
Multiplication : Boutures de tiges. Semis (plutôt réservés aux professionnels).

Cryptanthus

Ces broméliacées sont particulièrement prisées pour leur superbe feuillage organisé en rosette, dont les couleurs varient selon l'intensité lumineuse dont elles disposent.

Cryptantus acaulis
Les longues feuilles étroites et pointues, ondulées et légèrement dentelées sur les bords, dessinent une rosette ramassée de 20 à 30 cm de diamètre. En été, une fleur blanche parfumée jaillit parfois du cornet central.

Cryptantus bromelioides
Les touffes de feuilles rayées de blanc et finement dentelées forment de larges rosettes dressées sur près de 20 cm qui s'ornent en été de fleurs blanches. Les feuilles ondulées de la variété *C. b. tricolor* sont irisées de rouge carmin sur les bords et rayées de crème sur la longueur.

CI-DESSOUS : Cryptanthus bromeloides tricolor.

Cryptantus zonatus
De splendides feuilles ondulées, zébrées de sépia et d'argent, se déploient sur 20 cm d'un cœur en rosette aplatie. Une assez belle grappe de fleurs blanches naît en été dans le vase central.

LES CLÉS DE LA RÉUSSITE
Température : 18°C minimum en hiver.
Humidité : Assurer un taux d'hygrométrie élevé.
Exposition : Pleine lumière, à l'abri du soleil direct.
Arrosage et fertilisation : Arroser à volonté à l'eau tiède au printemps et en été, minutieusement en automne et très peu en hiver. Maintenir la motte humide en permanence. En été, verser l'eau dans le vase central et nourrir régulièrement d'un engrais dilué.
Soins : En cas de besoin, rempoter en demi-pot, pour ne pas épuiser les racines. Ces espèces épiphytes sont du plus bel effet dans un panier d'osier ou sur une écorce. Les rosettes se flétrissent après la floraison, après s'être entourées de jeunes plantules.
Multiplication : Repiquage des plantules.

Ctenanthe

Originaires du Brésil, ces plantes vivaces dressent des ramures spectaculaires. Vous ne trouverez essentiellement dans le commerce que les deux espèces que nous présentons ci-dessous.

Ctenanthe lubbersiana
De longues tiges droites aux extrémités effilées forment des touffes denses disposées en éventail. Les feuilles allongées, de 20 à 25 cm de long, sont tachetées de motifs jaunes irréguliers sur le dessus et vert pâle sur le revers. En intérieur, la plante atteindra 60 à 75 cm de haut.

Ctenanthe oppenheimiana
Des fines tiges érigées en touffes sur près d'un mètre portent des feuilles de plus de 30 cm, arborant une face supérieur d'un vert profond rayé symétriquement de bandes argentées et un revers rouge bordeaux. La variété *C. o.* « tricolor » présente de larges taches crème sur fond vert.

CI-DESSUS : Ctenanthe lubbersiana.

LES CLÉS DE LA RÉUSSITE
Température : Pas moins de 16°C en hiver.
Humidité : Exige un taux d'hygrométrie élevé.
Exposition : Pleine lumière, mais sans soleil direct.
Arrosage et fertilisation : Arroser modérément et bassiner à l'eau douce, tout au long de l'année, lorsque la surface du terreau est sèche au toucher. Veiller à ne pas laisser la motte s'assécher. Apports d'engrais en été.
Soins : Lustrer et dépoussiérer les feuilles à l'éponge de temps à autre Couper les feuilles flétries.
Multiplication : Division.

A DROITE : Ctenanthe oppenheimiana.

Cyclamen

CI-DESSUS : Cyclamen, *hybrides à grosses fleurs.*

Outre quelques espèces rustiques donnant de petites fleurs, le genre compte également les fameux et célèbres cyclamens des fleuristes. Les plantes en pot sont des hybrides de *Cyclamen persicum* qui nous vient du Moyen-Orient.

Cyclamen persicum
(Cyclamen de Perse)
Bien que l'espèce mère ne soit pratiquement pas cultivée, les horticulteurs proposent de nombreux hybrides et variétés dans des tons de rouge, rose, violet, saumon et blanc. Les larges pétales incurvés sont parfois ondulés ou froissés, et certaines variétés exhalent un parfum agréable. Les feuilles vertes sont zébrées ou marbrées de divers motifs blancs et argentés. La floraison s'étend de l'automne au début du printemps. La plante mesure normalement près de 30 cm de haut, mais d'autres variétés ne dépassent pas 23, voire 15 cm.

LES CLÉS DE LA RÉUSSITE
Température : Entre 10 et 15°C en hiver. Une trop forte chaleur limite la période de la floraison.
Humidité : Moyenne. Vaporiser avant l'apparition des fleurs qui ne supportent pas la moindre éclaboussure. Pour assurer une bonne humidité, poser le pot sur un lit de galets inondés.
Exposition : Bonne lumière, à l'abri des rayons du soleil.
Arrosage et fertilisation : Arroser abondamment et nourrir régulièrement pendant la période de forte croissance et puis réduire progressivement les apports d'eau en fin de floraison. Pendant la dormance, bien humidifier le cormus afin qu'il ne risque pas de se dessécher.
Soins : Éliminer régulièrement les fleurs fanées en retirant la tige. Elle est susceptible de pourrir. Lorsque les fleurs sont fanées, le cormus entre en période de repos. Sortir le pot au frais et au sec jusque vers la moitié de l'été, puis reprendre les arrosages. Au besoin, rempoter en enfouissant à moitié le tubercule et rentrer la plante.
Multiplication : Semis. La floraison peut prendre jusqu'à 15 à 18 mois pour les espèces classiques, et 8 mois pour les cyclamens miniatures.

Cymbidium

Le genre rassemble quelque 45 espèces, parmi lesquelles figurent des orchidées épiphytes et terrestres. Leurs nombreux hybrides se prêtent parfaitement à la culture en intérieur.

***Cymbidium* hybrides**
De l'automne au printemps, des épis dressés parmi un feuillage généreux s'ornent de grappes de magnifiques fleurs cireuses habillées de vert, jaune, rose ou blanc, déployant une lèvre inférieure joliment tachetée. Les pépiniéristes et horticulteurs spécialisés proposent une gamme infinie de variétés, rivalisant d'élégance, de beauté et d'originalité, qui éprouvent toutes les mêmes besoins.

LES CLÉS DE LA RÉUSSITE
Température : 7 à 13°C en hiver.
Humidité : Bassiner régulièrement les feuilles et placez la plante sur un lit de galets inondés.
Exposition : Pleine lumière, à l'abri du soleil direct.
Arrosage et fertilisation : Arroser à volonté à l'eau douce et tiède au printemps et en été, modérément en automne et en hiver, sans

laisser la motte se dessécher. Nourrir pendant la période de floraison.
Soins : Installer dans un emplacement chaud et bien aéré. En été, remiser la plante à l'extérieur, dans un coin bien ombragé du jardin par exemple, en attendant la floraison. Ne rempoter que lorsque les racines envahissent le pot, dans un bon mélange spécial pour les orchidées que vous trouverez chez un horticulteur, dans une grande surface ou un centre de jardinage.
Multiplication : Par division des touffes, après la floraison ou lors du rempotage.

Cyperus

Le genre, surtout réputé pour ses papyrus, compte plus de 600 espèces herbacées, dont quelques-unes font de superbes plantes d'apparat. Ce sont à peu près les seules plantes qui supportent de vivre en permanence les pieds dans l'eau. Si vous avez généralement la main lourde en arrosant, voici sans doute la compagne idéale !

Cyperus albostriatus
Les fins ajoncs dressés sur près de 60 cm sont surmontés de bouquets de larges bractées fuselées déployées comme les baleines d'un parapluie. L'espèce, que l'on commercialise également sous le nom de *Cyperus diffusus*, présente une remarquable variété panachée, « Variegatus », aux feuilles vertes rayées de blanc.

Cyperus alternifolius
(Souchet, plante ombrelle)
Les bractées rayonnantes de cette plante, couronnant de longues tiges droites de près d'un mètre de haut, forment d'élégantes et remarquables ombrelles. Les feuilles de *Cyperus alternifolius* « Variegatus » sont striées d'une bande blanche sur toute la longueur. Les botanistes l'ont rebaptisée *Cyperus involucratus*, mais le nom n'est pas encore parvenu à s'imposer.

Cyperus diffusus voir *Cyperus albostriatus.*

Cyperus involucratus voir *Cyperus alternifolius.*

CI-DESSUS : Cyperus alternifolius.

LES CLÉS DE LA RÉUSSITE
Température : Pas moins de 7°C en hiver.
Humidité : Bassiner régulièrement les feuilles.
Exposition : Pleine lumière, à l'abri du soleil direct.
Arrosage et fertilisation : Arroser à volonté en permanence, de sorte que les racines soient toujours plongées dans l'eau. Apports d'engrais du milieu du printemps à la fin de l'automne.
Soins : Tailler les tiges jaunies. Rempoter à chaque printemps.
Multiplication : Division.

Cypripedium

voir *Paphiopedilum.*

A DROITE : Cymbidium *(hybride).*

Davallia

Ces fougères au feuillage persistant ou semi-persistant, souvent épiphytes, sont originaires des régions tropicales d'Asie et d'Australie.

Davallia bullata
Sous des frondes très découpées et légèrement gaufrées, de longues racines brunes et poilues débordent du pot.

Davallia fejeensis
(Fougère patte de lapin)
Étalant ses frondes pennées sur plusieurs étages, cette fougère laisse apparaître à sa base d'épais rhizomes traçants.

LES CLÉS DE LA RÉUSSITE
Température : Surtout pas moins de 7°C en hiver.
Humidité : Bassiner régulièrement les feuilles.
Exposition : Mi-ombre, ou lumière indirecte possible.
Arrosage et fertilisation : Arroser à volonté du printemps à l'automne, modérément en hiver.
Soins : Retirer les frondes jaunies ou flétries.
Multiplication : Division, semis des spores.

CI-DESSOUS : Davallia bullata.

Dendranthema

Voir *Chrysanthemum.*

Dieffenbachia

Le splendide feuillage de ces plantes vigoureuses cache une sève très toxique, aussi désagréable sur les muqueuses que sur les yeux et la peau. Après un bouturage, lavez-vous soigneusement les mains. Nombre d'espèces, commercialisées sous plusieurs noms, mêlent hybrides et variétés. Cette confusion ne porte néanmoins pas à conséquence, dans la mesure où toutes éprouvent les mêmes besoins.

Dieffenbachia amoena
Les feuilles oblongues, portées par de solides pétioles peuvent atteindre près de 60 cm de long. Le vert profond du feuillage est marbré de chevrons crème, cependant que *Dieffenbachia amoena* « Tropic Snow » présente des panachures nettement plus franches. Les botanistes considèrent parfois cette espèce comme une variété de *Dieffenbachia seguine.*

Dieffenbachia* x *bausei
Les longues feuilles vert pâle, longues d'environ 30 cm, sont zébrées de vert foncé et tachetées de blanc.

Dieffenbachia bowmannii
Ses feuilles sombre tachetées de vert pâle et agréablement éclaboussées de blanc et de crème atteignent 75 cm de long. Sur d'autres variétés, les panachures blanches envahissent le feuillage.

Dieffenbachia maculata
(Plante des muets)
Le fond vert sombre des grandes feuilles ovales de 60 cm de long par 20 cm de large, présente de grandes taches ivoire et crème, plus ou moins marquées selon les variétés, parmi lesquelles les plus remarquables demeurent *Dieffenbachia maculata* « Camilla » et « Exotica ». L'espèce a longtemps été appelée *Dieffenbachia picta.*

Dieffenbachia maculata voir *D. maculata.*

EN -HAUT : Dieffenbachia maculata *« Camilla ».*
CI-DESSUS : Dieffenbachia maculata *« Exotica ».*

Dieffenbachia seguine voir *Dieffenbachia amoena*

LES CLÉS DE LA RÉUSSITE
Température : Pas moins de 16°C en hiver.
Humidité : Bassiner régulièrement les feuilles.
Exposition : Mi-ombre ou lumière indirecte en été. En hiver, pleine lumière, à l'abri des rayons du soleil.
Arrosage et fertilisation : Arroser à volonté du début du printemps à l'automne,

beaucoup plus modérément en hiver.
Soins : Bassiner les feuilles de temps en temps. Rempoter chaque année au printemps. Si le tronc est entièrement dégarni, essayer de le réduire à 15 cm. Ceci permettra de favoriser la croissance de nouvelles pousses.
Multiplication : Boutures de tronc ou de tiges. Pratiquer le marcottage aérien lorsque le tronc est dégarni à la base.

Dionaea

Ces plantes carnivores déploient une rosette de feuilles munies de pièges à mâchoires se refermant sur les insectes. Plus originales que décoratives, ces plantes peuvent être observées avec quelque interêt, malheureusement elles ne tiennent pas très longtemps en appartement.

Dionaea muscipula
(Attrappe-mouche de Vénus)
Les feuilles, terminées par des lobes étroits en charnière, sont bordées de longs poils. Très sensibles, elles se resserrent sur leur proie au moindre contact, puis se rouvrent après digestion.

LES CLÉS DE LA RÉUSSITE
Température : 3 à 10°C en hiver, à l'abri du gel et des fortes chaleurs.
Humidité : Assurer une bonne humidité ambiante. Vaporiser régulièrement et placer, de préférence, le pot sur un lit de galets inondés.
Exposition : Pleine lumière en permanence. Éviter le soleil direct d'été surtout si la plante est installée derrière une vitre. En hiver, accroître la luminosité par un éclairage artificiel bien adapté.
Arrosage et fertilisation : Maintenir la motte humide en toutes saisons. Ne pas fertiliser.
Soins : Au besoin, rempoter au printemps dans un mélange de terre de bruyère et de mousse de sphaigne, et recouvrir la surface de sphaigne.
Multiplication : Semis, division.

Dizygotheca

Le genre compte quelques espèces arbustives à feuillage persistant, dont une seule peut être acclimatée en intérieur.

Dizygotheca elegantissima
(Faux aralia, aralia élégant)
Gracieusement dressée sur de fines tiges, la plante déploie une touffe légère et aérienne pouvant atteindre 1,2 m de haut. Les feuilles délicates, formées de 7 à 10 folioles en étoile, dessinent des flèches nettement dentelées vert foncé ou presque noires. L'espèce portait auparavant le nom d'*Aralia elegantissima*, et certains spécialistes lui préfèrent celui de *Schefflera elegantissima.*

LES CLÉS DE LA RÉUSSITE
Température : Pas moins de 13°C en hiver.
Humidité : Vaporiser régulièrement les feuilles.
Exposition : Pleine lumière, à l'abri du soleil direct de la mi-journée en été.
Arrosage et fertilisation : Arroser à volonté du printemps à l'automne, modérément en hiver.
Soins : Rempoter tous les deux ans, au printemps. Si la plante perd ses feuilles, rabattre les tiges à une dizaine de centimètres afin de favoriser la croissance de nouvelles pousses.
Multiplication : Semis, marcottage aérien au printemps. Boutures terminales en été.

CI-DESSUS : Dizygotheca elegantissimus.

A DROITE : Dionea muscipula.

Dracaena

Le genre compte de nombreuses espèces de faux palmiers, originaires d'Afrique et d'Asie. Sous leur allure exotique, ces plantes dissimulent une grande robustesse qui leur vaut d'être parmi les plus appréciées en intérieur. Certaines espèces sont souvent assimilées à des *Cordyline*, mais si leur feuillage est moins coloré, les *Dracaena* se distinguent par la sobriété élégante de leurs panachures et une silhouette spectaculaire. *D. godseffiana* constitue une espèce à part, formant un arbuste à feuilles ovales, à des années lumière des lanières de ses congénères.

Dracaena deremensis
De longues feuilles lancéolées prennent naissance sur un tronc dressé, formant une couronne de verdure étagée. Mis à part la « Jane Craig », entièrement verte, la plupart des variétés sont joliment panachées de bandes vertes, argentées, blanches ou vert pâle. Les plus décoratives demeurent *D. d.* « Bausei », au feuillage vert sombre rayé de blanc en son centre, et *D. d.* « Warneckii , dont les feuilles vert tendre sont parcourues de fines marges et d'une large bande centrale blanches.

Dracaena fragrans
Très proche de l'espèce précédente, celle-ci déploie des feuilles plus large et, dès son plus jeune âge, donne naissance à un deuxième tronc, plus petit. Les variétés panachées, telles la « Massangeana », zébrée de tout son long de jaune pâle, constituent de belles plantes d'apparat. En intérieur, il est rare de voir apparaître ses fleurs au parfum capiteux.

Dracaena godseffiana
D'une robustesse exceptionnelle, cet arbuste qui peut atteindre près de 60 cm de haut, déploie sur un tronc épais des rameaux de feuilles ovales terminées en pointe. Selon les variétés, le feuillage brillant est plus ou moins marqué d'éclaboussures dorées ou crème. La plante se pare très tôt de fleurs jaune pâle très parfumées qui laissent parfois place à de jolies baies rouges. Elle est aussi répertoriée sous le nom de *D. surculosa.*

Dracaena marginata
Une touffe de fines lanières surmonte une tige ligneuse et dénudée qui, avec le temps, s'étoffe de rameaux et peut finir par effleurer le plafond. Les feuilles vertes, retombant sur 30 à 45 cm, sont ourlées de pourpre et arborent des couleurs plus vives sur d'autres variétés : ainsi, la *D. m.* « Colorama » est bordée d'un large bandeau rouge, cependant que la « Tricolor » est rayée de vert, de crème et de rose.

Dracaena sanderiana
(Plante à ruban)
Les feuilles ovales ou en forme de lance, rayées de bords blancs, disposées en étages sur un tronc dressé, atteignent près de 25 cm de long.

Dracaena terminalis voir *Cordyline fructicosa.*

LES CLÉS DE LA RÉUSSITE
Température : En hiver au moins 13°C pour *D. godseffiana* et 10°C pour *D. sanderiana.*
Humidité : Bassiner régulièrement les feuilles. *D. godseffiana* supporte un air sec.
Exposition : Pleine lumière, à l'abri du soleil direct.
Arrosage et fertilisation : Arroser à volonté du printemps à l'automne, peu en hiver. Ne jamais laisser la motte se dessécher. Apports d'engrais réguliers au printemps et en été.
Soins : Lustrer et dépoussiérer les feuilles à l'éponge. Interrompre les apports d'engrais à l'automne pour laisser reposer la plante qui achève alors un cycle végétatif. Au besoin, rempoter au printemps.
Multiplication : Boutures terminales, marcottage aérien (si le tronc est dégarni), boutures de tronc.

CI-DESSOUS : Dracaena deremensis, *et deux de ses variétés : « Yellow Stripe » (centre) et « White Stripe » (gauche).*
CI-CONTRE EN HAUT : Dracaena sanderioana.
CI-CONTRE AU CENTRE : Dracaena fragrans *(droite),* D. f. *« Massageana » (gauche).*
CI-CONTRE EN BAS : Dracaena godseffiana.
CI CONTRE A DROITE : Dracaena marginata *(droite) et* D. m. *« Tricolor ».*

Echeveria

Le genre compte plus de 150 espèces et hybrides de plantes grasses organisées en rosettes de feuilles charnues aux formes et aux teintes les plus variées. La plupart portent des fleurs qui, sans être vraiment exceptionnelles, leur confèrent un charme supplémentaire.

Echeveria elegans
Également appelée *E. secunda glauca*, l'espèce ouvre une rosette bleutée sur environ 15 cm de diamètre. Du début du printemps à la moitié de l'été, des fleurs rouges ou roses surgissent parmi les feuilles charnues.

Echeveria glauca
Les feuilles cireuses, en forme de spatule, dessinent une rosette gris-bleu qui s'orne au printemps et vers le milieu de l'été, de petites fleurs jaunes teintées de rouge.

LES CLÉS DE LA RÉUSSITE
Température : 5 à 10°C en hiver.
Humidité : Tolèrent un air sec.
Exposition : Autant de lumière que possible toute l'année. Ne craint pas le soleil direct.
Arrosage et fertilisation : Arroser modérément du printemps à l'automne. En hiver, humidifier légèrement pour éviter le flétrissement des feuilles. Apports d'engrais dilué au printemps et en été.
Soins : Éviter d'asperger les feuilles qui perdraient leur protection cireuse et pourriraient. Ne pas installer dans une pièce surchauffée. Si la plante perd ses feuilles en hiver, récupérer les bourgeons pour bouturer un nouveau sujet.
Multiplication : Boutures terminales et boutures de feuille. Repiquage des rejets, dans certains cas. Semis.

A GAUCHE : Echeveria elegans.
CI-DESSOUS À GAUCHE : Echeveria glauca.

Echinocactus

Ces cactus sphériques ou cylindriques, recouverts de superbes épines bien acérées, fleurissent rarement en appartement.

Echinocactus grusonii
(Coussin de belle-mère)
Pratiquement rond, le globe divisé en de

CI-DESSOUS : Echinocactus grusonii.

nombreuses côtes saillantes surmontées d'épines vert pâle, peut atteindre 1 m de diamètre dans son milieu naturel, mais n'en espérez pas autant en intérieur !

LES CLÉS DE LA RÉUSSITE
Température : 5 à 10°C en hiver.
Humidité : Tolère un air sec.
Exposition : Autant de lumière que possible en toutes saisons. Ne craint pas le soleil direct.
Arrosage et fertilisation : Arroser modérément du printemps à l'automne, pratiquement pas en hiver. Apports d'engrais dilué au printemps et en été.
Soins : Ne rempoter qu'en cas d'absolue nécessité dans un mélange spécial pour cactées, en veillant bien à ne pas endommager les racines fragiles.
Multiplication : Semis

Echinocereus

Les tiges, sphériques ou en forme de chandelle, se ramifient peu à peu. Certaines espèces sont parfaitement glabres, d'autres sont hérissées d'épines acérées ou couvertes de poils fins.

Echinocereus pectinatus
Les colonnes divisées en côtes fines bordées de petites aiguilles jaunes qui virent au gris, se ramifient parfois. Au printemps, il se pare de grosses fleurs évasées, violettes, roses ou jaunes, ouvrant une corolle de 12 cm.

CI-DESSUS : Echinocereus pectinatus.

Echinocereus salm-dyckianus
Une rosette d'épaisses tiges vert sombre, recouverte, d'épines jaunes aux pointes rouges, accueille au printemps une multitude de fleurs orange. Les botanistes ont rebaptisée l'espèce *E. scheeri*.

LES CLÉS DE LA RÉUSSITE
Température : 10 à 13°C en hiver.
Humidité : Tolère un air sec, mais préfère une certaine humidité ambiante.
Exposition : Autant de lumière que possible. Ne craint pas le soleil direct.
Arrosage et fertilisation : Arroser modérément du printemps à l'automne, pratiquement pas en hiver. Apports d'engrais dilué au printemps et en été.
Soins : Ne rempoter qu'en cas d'absolue nécessité dans un mélange spécial cactées.
Multiplication : Le cas échéant, boutures de bourgeons axillaires, ou semis.

A GAUCHE : Echinocereus salm-dyckianus.

Echinopsis

Généralement sphériques, ces cactées poussent parfois en hauteur et se ramifient assez rapidement.

Echinopsis eyriesii
(Cactus oursin)
Le globe, qui s'allonge avec l'âge, présente des côtes aiguës sur lesquelles surgissent de petites aiguilles sombres. Au printemps ou en été, de grandes fleurs blanches tubulaires diffusent leur parfum léger.

Echinopsis rhodotricha
Les tiges globulaires ou columnaires, piquées de longues aiguilles jaunes à tête brune, se parent de grandes fleurs blanches en été.

LES CLÉS DE LA RÉUSSITE
Température : 5 à 10°C en hiver.
Humidité : Tolère un air sec.
Exposition : Bonne lumière, à l'abri du soleil direct.
Arrosage et fertilisation : Arroser modérément du printemps à l'automne, pratiquement pas en hiver. Apports d'engrais dilué au printemps et en été.
Soins : Au besoin, rempoter dans un mélange spécial cactées. Éviter de tourner le pot en période de floraison, car les fleurs se développent généralement sur le côté ombragé.
Multiplication : Semis, boutures.

CI-DESSOUS : Echinopsis eyriesii.

Epiphyllum

Originaires d'Amérique latine, et plus particulièrement du Mexique, ces cactées aux longues tiges plates se parent à la belle saison de grandes fleurs aux coloris magnifiques. Ce sont généralement ses hybrides qui décorent nos intérieurs.

***Epiphyllum* hybrides**
(Cactus orchidée)
De hautes tiges aplaties, parfois triangulaires, ressemblant à des feuilles rubanées et dentelées, portent au printemps et au début de l'été de grandes fleurs dont les longs pétales déploient une corolle rouge, rose ou blanche centrée de jaune. Il est préférable de tuteurer la plante pour lui maintenir son port dressé et lui donner fière allure.

LES CLÉS DE LA RÉUSSITE

Température : 7 à 10°C en hiver. Éviter d'installer dans une pièce surchauffée.
Humidité : Vaporiser les feuilles de temps à autre pendant la saison chaude.
Exposition : Pleine lumière, à l'abri du soleil direct.
Arrosage et fertilisation : Arroser à volonté du printemps à l'automne, modérément en hiver.
Soins : Hors de la période de floraison, la plante ne présente aucun attrait particulier. Elle passera donc volontiers l'été au jardin. Éviter de la déplacer après formation des bourgeons, qui risqueraient de tomber.
Multiplication : Boutures.

CI-DESSOUS : Epiphyllum *(hybrides).*

CI-DESSUS : Epipremnum aureum *(syn.* Scindapsus aureus*).*

Epipremnum

Parmi cette famille de lianes grimpantes, l'espèce qui est présentée ci-dessous est, sans nul doute, la plus adaptée à la culture en appartement.

Epipremnum aureum
(Arum grimpant, pothos d'or, lierre du diable)
Cette plante, qui grimpe plutôt assez rapidement, développe des racines aériennes et un feuillage brillant tacheté ou rayé de jaune. Ses variétés déclinent de splendides panachures, argentées pour *E. a.* «Marble Queen », alors que *E. a.* « Neon » déverse une cascade de cœurs dorés. Il arrive également qu'elle soit commercialisées sous ses anciens noms de *Scindapsus aureus* ou *Rhaphidophora aurea.*

LES CLÉS DE LA RÉUSSITE

Température : Surtout pas moins de 13°C en hiver.
Humidité : Aucune exigence particulière. Bassiner de temps en temps.
Exposition : Pleine lumière, à l'abri du soleil direct. Sous un bon éclairage, les panachures seront plus éclatantes encore.
Arrosage et fertilisation : Arroser à volonté

du printemps à l'automne, modérément en hiver. Nourrir au printemps et en été.
Soins : Au besoin, rempoter au printemps. Tailler les longues pousses pour maintenir le port compact de la plante.
Multiplication : Boutures de bourgeons axillaires ou de tiges, marcottage.

Erica

Le genre compte plus de 500 espèces dont la plupart sont des bruyères rustiques qui décorent fort bien les rocailles de jardin, d'autres pouvant également vivre un certain temps en appartement.

CI-DESSOUS : Erica gracilis.

Erica gracilis
(Bruyère du Cap)
Le feuillage épineux forme une touffe de 30 cm de haut qui, en hiver, se couvre de grappe de clochettes roses bordées d'un manchon blanc.

Erica hyemalis
(Bruyère)
En hiver, d'innombrables fleurs tubulaires blanches, roses ou violettes éclosent parmi les feuilles épineuses dressées en chevrons sur des tiges droites.

LES CLÉS DE LA RÉUSSITE
Température : 5 à 13°C en période de floraison.
Humidité : Vaporiser régulièrement les feuilles.
Exposition : Bonne luminosité, un peu de soleil direct en hiver.
Arrosage et fertilisation : Arroser à volonté à l'eau douce en toutes saisons, sans jamais laisser la motte s'assécher.
Soins : Difficiles à garder longtemps à l'intérieur, ces plantes sont généralement achetées en fleurs et jetées après la floraison. Elles peuvent parfois repartir à la saison suivante si, après avoir retaillé les pousses, on les laisse au frais et en pleine lumière jusqu'aux premiers jours de l'été. Elles passent assez volontiers l'été au jardin, mais elles craignent le gel.
Multiplication : Boutures.

Euonymus

Parmi ces arbres et arbustes rustiques, l'espèce la plus courante présente toute une collection de variétés panachées, idéales pour les pièces claires et non chauffées ou les perrons exposés aux quatre vents. En hiver, elles retrouveront avec plaisir la pleine terre.

Euonymus japonicus
(Fusain)
Ses rameaux érigés portent des feuilles ovales et coriaces, d'un vert profond et brillant en surface et plus claires sur le revers. Pour un salon frais, préférez le petit feuillage de *E. j.* « Microphyllus Albovariegatus », panaché de blanc, ou de *E. j.* « Microphylla », chamarré de vert et d'argent.

A GAUCHE : Erica hiemalis.

LES CLÉS DE LA RÉUSSITE
Température : Bien qu'il s'agisse d'une espèce rustique, elle sera plus à son aise entre 3 et 7°C en hiver.
Humidité : Vaporiser les feuilles de temps à autre.
Exposition : Pleine lumière, directe ou indirecte.
Arrosage et fertilisation : Arroser à volonté du printemps à l'automne, modérément en hiver. Nourrir régulièrement au printemps et en été.
Soins : Un séjour estival au jardin rendra sa vigueur à la plante et accentuera ses panachures.
Multiplication : Boutures.

CI-DESSOUS : Euonymus japonicus *« Mediopictus »*.

Euphorbia

Le genre, riche de près de 2 000 espèces, regroupe des annuelles, des arbustes, des plantes à massif rustiques, et compte également quelques succulentes, comme *E. milii* et des plantes vertes fragiles, comme le poinsettia (*E. pulcherrima*).

Euphorbia milii
(Couronne d'épines, épines du Christ, euphorbe splendide,)
Les branches très épineuse de cette plante grasse portent du printemps jusque vers le milieu de l'été de minuscules fleurs entourées de magnifiques bractées vermillon. Au bout de quelques années, le buisson peut atteindre 1 m de haut. Si vous prélevez des boutures, méfiez-vous de la sève, très toxique. L'espèce est également répertoriée sous le nom *E. splendens.*

Euphorbia obesa
Cette étrange plante grasse dresse une tige sphérique vert sombre, divisée en huit sections régulières damées de vert pâle. En été, le sommet se garnit d'un bouquet de larges corolles jaunes.

Euphorbia pulcherrima
(Poinsettia, étoile de Noël)
Vers la fin de l'année, cette espèce déploie d'impressionnantes bractées rouge flamboyant, roses ou blanc crème, enserrant une inflorescence à peine visible. Les rameaux forment un buisson léger de 30 à 60 cm de haut, dont la croissance peut être inhibée à l'aide de certains produits chimiques. A la saison suivante, il repartira normalement.

Euphorbia trigona voir *Euphorbia milii.*

Euphorbia trigona
Formant d'étranges chandeliers, les épaisses tiges dressées, triangulaires ou à côtes saillantes et légèrement marbrées de vert pâle, portent des petites feuilles ovales caduques.

LES CLÉS DE LA RÉUSSITE
Température : Pas moins de 7°C en hiver, pour la plupart des espèces. Les espèces grasses tolèrent volontiers 10°C.

EN HAUT : Euphorbia trigona.
CI-DESSUS : Euphorbia obesa.

Humidité : *Euphorbia pulcherrima* exige une bonne humidité ambiante et des vaporisations régulières. Les succulentes supportent un air sec, mais pendant la belle saison, mieux vaut pulvériser *Euphorbia milii* de temps à autre.
Exposition : Autant de lumière que possible. Éviter d'exposer *Euphorbia pulcherrima* aux rayons du soleil d'été.
Arrosage et fertilisation : Arroser à volonté les succulentes du printemps à l'automne, modérément en hiver et les nourrir d'un engrais léger en été. Arroser copieusement *Euphorbia pulcherrima* pendant la floraison, puis réduire les doses sans laisser la motte se dessécher. Apports d'engrais à partir de l'été jusqu'à l'épanouissement des bractées.

CI DESSUS : Euphorbia milii.

Soins : Les succulentes n'exigent qu'un rempotage lorsque les racines ont envahi le pot. Le poinsettia, plus fragile, ne tiendra un an de plus que s'il est minutieusement entretenu : rabattre les tiges à 10 cm après la floraison et maintenir la motte à peine humide pour laisser reposer la plante. Rempoter vers la fin du printemps et arroser davantage. Lorsque de nouvelles pousses apparaissent, faire des apports d'engrais réguliers. Élaguer les rameaux pour ne laisser que cinq ou six tiges vigoureuses par plante. Préparer la floraison dès le début de l'automne en encapuchonnant la plante dans un manchon de plastique noir 14 heures par jour pendant huit semaines, puis laisser la plante en lumière naturelle.
Multiplication : Boutures pour *Euphorbia pulcherrima* et *Euphorbia milii.* Les succulentes germent mieux à partir de semis.

A DROITE : Eustoma gradiflorum *(syn.* Lisianthus russelianus*).*

Eustoma

Ces plantes vivaces ou annuelles, dont les larges fleurs rappellent celle du coquelicot, ornent merveilleusement les vases et ont également le grand avantage de fort bien résister en pot.

Eustoma grandiflorum

Les rameaux, habillés de petites feuilles soyeuses d'un vert profond, se parent en été de boutons torsadés qui, en s'ouvrant, déploient d'élégantes et superbes fleurs évasées bleues, roses et blanches, simples ou doubles. Pour la culture en pot, préférez les variétés compactes. Vous trouverez également cette espèce sous les noms de *Lisianthus russellianus* et *E. russellianum*.

LES CLÉS DE LA RÉUSSITE

Température : Pas moins de 7°C , surtout en hiver.

Humidité : Vaporiser les feuilles de temps à autre.

Exposition : Pleine lumière, à l'abri du soleil direct en été.

Arrosage et fertilisation : Arroser minutieusement tout au long de l'année, sans jamais détremper la motte ni la laisser se dessécher. Nourrir bien régulièrement lorsque le mélange s'est appauvri en éléments nutritifs.

Soins : Bien qu'il s'agisse d'une plante vivace, on la traite, la plupart du temps, comme une annuelle et on la jette après la floraison.

Multiplication : Semis, de préférence, ou division de la motte à l'automne.

CI-DESSUS : Exacum affine.

Exacum

Le genre compte une quarantaine d'espèces, regroupant des annuelles, des bisannuelles et des vivaces, mais une seule, très facile à semer et à faire fleurir en pot, est véritablement commercialisée comme plante d'intérieur.

Exacum affine

(Violette perse)

Du milieu de l'été jusqu'à la fin de l'automne, ce ravissant buisson de petites feuilles vert olive se couvre de fleurs bleu vif ou blanches aux étamines jaune d'or.

LES CLÉS DE LA RÉUSSITE

Température : Maintenir entre 10 et 21°C.

Humidité : Pulvériser les feuilles de temps à autre.

Exposition : Pleine lumière, à l'abri du soleil direct.

Arrosage et fertilisation : Arroser minutieusement tout au long de l'année, sans jamais détremper la motte, ni la laisser se dessécher. Nourrir bien régulièrement lorsque le mélange s'est appauvri en éléments nutritifs.

Soins : Éliminer les fleurs fanées. Bien qu'elle puisse repartir l'année suivante, mieux vaut jeter la plante après la floraison.

Multiplication : Semis.

x Fatshedera

Cet hybride intergénérique est issu du croisement de *Fatsia japonica* et *Hedera helix* « Hibernica »

x ***Fatshedera lizei***
(Faux lierre, aralia lierre, lierre arborescent, lierre)
Les feuilles brillantes, palmées en cinq folioles profondément découpées couronnent des tiges dressées qui s'inclinent peu à peu. Les sujets adultes portent parfois en automne des bouquets de fleurs aux tons crème. Dans de bonnes conditions de culture, la plante peut dépasser 1,8 m de haut. Rustique, elle peut également être cultivée en pleine terre dans les régions tempérées. Les variétés panachées, telles que la « Variegata », à croissance plus lente, sont du plus bel effet dans un décor d'intérieur.

LES CLÉS DE LA RÉUSSITE
Température : Idéalement, pas moins de 3°C en hiver.
Humidité : Aucune exigence particulière si la plante est installée dans un endroit frais. Vaporiser de temps en temps.
Exposition : Bonne luminosité, à l'abri du soleil direct. Autant de lumière que possible en hiver.
Arrosage et fertilisation : Arroser à volonté du printemps à l'automne, modérément en hiver. Apports d'engrais au printemps et en été.
Soins : Rempoter chaque printemps. Palisser sur un support pour obtenir une plante grimpante et pincer les extrémités afin d'obtenir une croissance buissonnante.
Multiplication : Boutures.

A DROITE : x Fatshedera lizei « *Pia* ».
CI-DESSOUS : x Fatshedera lizei « *Anne Meike* ».

Fatsia

Seule espèce du genre, cet arbuste à feuillage persistant se plaît tout autant au jardin dans les régions tempérées que dans une pièce fraîche et ombragée.

Fatsia japonica
(Aralie du Japon)
Ses grandes feuilles d'un vert sombre et brillant, étalent leurs lobes profondément découpés sur 20 à 30 cm. En intérieur, les variétés panachées sont des plus décoratives.

LES CLÉS DE LA RÉUSSITE
Température : Pas moins de 3°C en hiver, mais la plante supportera un léger gel. 12° minimum en hiver et, de préférence, 21°C maximum pour les variétés panachées.
Humidité : Assurer une humidité moyenne.
Exposition : Bonne lumière, à l'abri du soleil direct en été. Tolère bien les emplacements ombragés.
Arrosage et fertilisation : Arroser à volonté du printemps à l'automne, peu en hiver. Apports d'engrais au printemps et en été.
Soins : Éponger les feuilles, une fois le mois.
Multiplication : Boutures, marcottage aérien, et semis (pour les variétés vertes).

CI-DESSUS : Fatsia japonica.

Faucaria

Ces plantes grasses, originaires d'Afrique du Sud portent des feuilles charnues, cylindriques ou en forme de gouttière, sur lesquelles naissent, à l'automne, des fleurs jaune d'or rappelant la marguerite.

Faucaria tigrina
Les épaisses feuilles vertes, formant une rosette symétrique, sont tachetées de blanc et sont bordées à leur extrémité effilée de dents dressées qui leur donne l'apparence d'une mâchoire béante.

LES CLÉS DE LA RÉUSSITE
Température : Pas moins de 5°C en hiver. Éviter d'installer dans une pièce surchauffée.
Humidité : Tolère un air sec.
Exposition : Autant de lumière que possible, en plein soleil, de préférence.
Arrosage et fertilisation : Arroser à volonté en été, modérément du printemps à l'automne, et pratiquement pas en hiver. Apports réguliers d'engrais dilué en été.
Soins : En automne, lorsque les feuilles commencent à se flétrir, laisser reposer la plante en l'installant dans un emplacement sec et en laissant la motte sécher pour éviter les risques de pourrissement. Rempoter tous les trois ans dans un mélange spécial cactées.
Multiplication : Boutures, semis.

CI-DESSOUS : Faucaria tigrina.

Ferocactus

Ces cactus sphériques à croissance lente, munis d'épines et vivement colorées, s'allongent un peu avec le temps. Les pépiniéristes spécialisés proposent une large gamme d'espèces, présentant toutes les mêmes besoins.

Ferocactus latispinus
La tige globuleuse gris-vert est subdivisée en une vingtaine de nervures saillantes portant de grandes épines crochues. Les fleurs rouges n'apparaissent que très rarement sur les spécimens cultivés en pot.

LES CLÉS DE LA RÉUSSITE
Température : Pas moins de 5°C en hiver.
Humidité : Tolère une atmosphère sèche.
Exposition : Autant de lumière que possible, en plein soleil, de préférence.
Arrosage et fertilisation : Arroser modérément à l'eau douce du printemps à l'automne, pratiquement pas en hiver.
Soins : Rempoter au printemps dans un mélange spécial cactées.
Multiplication : Semis, repiquage des rejets

CI-DESSOUS : Ferocactus latispinus.

Ficus

Extraordinairement riche, ce genre regroupe plus de 800 espèces originaires, pour la plupart, d'Asie et d'Afrique, parmi lesquelles le figuier commun et nombre de plantes d'appartement qui vont de l'arbre à la petite plante grimpante. Le caoutchouc (*F. elastica*) a connu son heure de gloire dans les années soixante, mais bien d'autres de ses congénères présentent des ramures spectaculaires qui suffisent à meubler une pièce.

Ficus benghalensis
(Banian)
Très proche du *F. elastica*, cet arbre dressé sur un tronc ligneux déploie des feuilles d'environ 20 cm, vernissées et couvertes de poils. En quelques années, un jeune sujet bien entretenu atteindra aisément le plafond.

Ficus benjamina
(Figuier pleureur)
La large couronne arquée de cet arbuste qui, en intérieur, ne dépasse pas les 2,4 m, a aujourd'hui ravi la vedette au caoutchouc. Intégralement vertes sur l'espèce mère, ses feuilles pointues, longues d'une bonne dizaine de centimètres, arborent de splendides panachures blanches sur l'espèce « Starlight ».

Ficus deltoidea
Ses petites feuilles vernissées et arrondies sont portées à l'horizontal par des rameaux aérés qui se garnissent de baies jaunes. L'espèce, qui forme un arbuste fourni de 75 cm de haut, porte parfois le nom de *Ficus diversifolia.*

Ficus elastica
(Caoutchouc)
Disposées en étages sur un tronc épais laissant poindre un épi effilé gainé de rose, les grandes feuilles ovales reluisent d'un beau vert sombre. Les jeunes feuilles sont enserrées dans une stipule qui tombe dès que la feuille s'ouvre. Les amateurs apprécient tout particulièrement les larges feuilles, régulièrement espacées de *F. e.* « Robusta », les panachures de *F. e.* « Doescheri » et *F. e.* « Tricolor » ou la majesté du feuillage presque noir de *F. e.* « Black Prince ».

Ficus lyrata
(Figuier lyre)
Cet arbuste fièrement dressé déploie des feuilles ondulées et cireuses, en forme de violon, pouvant atteindre 50 cm de long. Au bout de quelques années, sa couronne généreuse léchera le plafond de votre salon.

Ficus pumila
(Figuier rampant, figuier nain)
Les tiges fines portant de petites feuilles en cœur, légèrement gaufrées, s'étalent pour retomber gracieusement sur les rebords du pot. Les feuilles, d'environ 2,5 cm, s'allongent et deviennent plus coriaces avec le temps, sans rien perdre de leur fraîcheur. Les petites vrilles des tiges destinent tout naturellement la plante à un treillis. Plus compacte, la variété « Minima », a aussi des feuilles plus petites. L'espèce, également répertoriée comme *F. repens*, décline quelques belles espèces panachées, telle *F. p.* « Variegata ».

Ficus radicans
Cette autre espèce rampante a des feuilles pointues de 7 à 10 cm de long, portées par des tiges filiformes qui s'étendent sur la surface du pot ou s'agrippent à un support en produisant des racines à l'aisselle des feuilles. Sur la variété « Variegata », les feuilles, plus étroites, sont soulignées de blanc. L'espèce a été rebaptisée *F. sagitta.*

Ficus religiosa
(Figuier des pagodes)
En extérieur, les branches de ce grand arbre produisent d'épaisses racines aériennes qui, ancrées au sol, contribuent à sa stabilité. Ses feuilles étroites, vert pâle, de 10 à 15 cm de long, sont remarquablement effilées.

LES CLÉS DE LA RÉUSSITE
Température : Pas moins de 13°C en hiver.
Humidité : Vaporiser les feuilles de temps en temps, et plus régulièrement pour *F. lyrata, F. pumila* et *F. radicans.*
Exposition : Bonne lumière pour les espèces arbustives, à l'abri du soleil de la mi-journée en été, si la plante est placée près d'une fenêtre. Mi-ombre pour les espèces rampantes.
Arrosage et fertilisation : Arroser toutes les variétés à volonté du printemps à l'automne, peu en hiver, à l'eau tiède de préférence. Apports d'engrais au printemps et en été.
Soins : Rempoter les jeunes sujets tous les deux ans. Éponger de temps à autre les feuilles des espèces à grandes feuilles.
Multiplication : Boutures. Marcottage aérien pour les espèces à tige ligneuse.

A GAUCHE : Ficus lyrata.
CI-CONTRE EN HAUT : *De gauche à droite, trois variétés du* Ficus elastica *: « Belgica », « Robusta » et « Black Prince ».*
CI-CONTRE EN BAS : *De gauche à droite, trois variétés du* Ficus benjamina *: « Exotica », « Starlight »* et *« Reginald ».*
CI-CONTRE EN HAUT À DROITE : Ficus benghalensis.
CI-CONTRE EN BAS À DROITE : Ficus deltoidea.

CI-DESSUS : Fittonia verschaffeltii.

Fittonia

Originaires du Pérou, ces petites plantes rampantes couvrent le sol d'un tapis bigarré qui s'orne parfois au printemps de minuscules fleurs jaunes, bien moins spectaculaires que leur feuillage.

Fittonia verschaffeltii

Les nervures apparentes des feuilles ovales, d'environ 5 cm de long, dessinent une superbe résille rouge carmin sur fond vert olive. *F. v. argyroneura* (parfois répertoriée sous le nom d'espèce *F. argyroneura*) présente en revanche des nervures argentées sur fond vert pâle, tout comme *F. v. argyroneura nana* (ou *F. argyroneura nana*), dont les feuilles soit moitié moins grandes. Certaines espèces, plus difficiles à entretenir, développent des feuilles de 10 cm.

LES CLÉS DE LA RÉUSSITE

Température : Pas moins de 16°C en hiver.
Humidité : Assurer une humidité ambiante élevée.
Exposition : Mi-ombre, à l'abri du soleil direct.
Arrosage et fertilisation : Arroser à volonté à l'eau tiède et nourrir d'engrais dilué du printemps à l'automne. Réduire les arrosages en hiver.
Soins : Pincer les tiges folles pour discipliner la croissance. Rempoter à chaque printemps. Cette plante ne survit que dans un milieu très humide et fait merveille dans un jardin en bouteille.
Multiplication : Division, boutures ou repiquage des tiges enracinées.

Fuchsia

Ces arbres et arbustes, à feuillage persistant ou caduc, est surtout apprécié pour ses fleurs vivement colorées qui balancent gracieusement sur les tiges.

***Fuchsia* hybrides**

Cette plante fort réputée pour ses jolies fleurs en clochettes portées par un calice évasé, décline des centaines de variétés hybrides. Les couleurs, les formes et les dimensions des fleurs, simples ou doubles, sont extraordinairement variées, offrant des combinaisons de rouge, rose, violet et blanc. L'arbuste peut former un buisson de 45 à 60 cm de haut, ou retomber sur les rebords du pot, à moins que vous ne choisissiez de lui donner la forme d'un arbre – auquel cas, il vous faudra le rempoter chaque année. Lorsque la plante ne donne pratiquement plus de fleurs, il est préférable de s'en défaire.

LES CLÉS DE LA RÉUSSITE

Température : 10 à 16°C en hiver. Éviter d'installer dans une pièce surchauffée.
Humidité : Vaporiser régulièrement hors de la période de floraison.
Exposition : bonne lumière, à l'abri du soleil direct.
Arrosage et fertilisation : Arroser à volonté du printemps à l'automne, pendant la période de forte croissance, modérément avant et après, mais toutefois juste assez pour éviter le dessèchement de la motte en hiver, en période de dormance. Arroser les boutures de feuilles jusqu'à stabilisation du cycle de croissance. Nourrir de la fin du printemps à la fin de l'été.
Soins : En automne, la chute des feuilles est tout à fait naturelle. En hiver, l'installer dans un lieu frais et lumineux. Au printemps, juste avant l'apparition des nouvelles pousses, tailler les tiges anciennes pour stimuler une croissance buissonnante, sans hésiter à les rabattre : les nouvelles pousses n'en seront que plus fleuries.
Multiplication : Boutures.

A DROITE : Fuschia *(hybride)*.

CI-DESSUS : Gardenia jasminoides.

Gardenia

Ces petits buissons et arbustes à belles fleurs blanches diffusent un agréable parfum. L'espèce présentée ci-dessous est la plus facile à cultiver en appartement.

Gardenia jasminoides
(Jasmin du Cap)
Des fleurs blanches d'aspect cireux, semi-doubles ou doubles, d'environ 5 cm de diamètre, naissent en été. Certaines variétés embaumeront votre intérieur en hiver. Installé sous une véranda, sa ramure d'un vert brillant, dont les feuilles peuvent atteindre les 10 cm, formeront un bel arbuste d'environ 1,5 m. En appartement, la plante ne dépassera guère 45 cm. L'espèce est aussi répertoriée sous le nom de *G. augusta*.

LES CLÉS DE LA RÉUSSITE
Température : Ne pas exposer à moins de 16°C en hiver.
Humidité : Bassiner régulièrement les feuilles sans mouiller les fleurs.
Exposition : Pleine lumière, à l'abri du soleil pendant les heures chaudes de l'été.
Arrosage et fertilisation : Bien arroser à l'eau douce du printemps à l'automne, peu en hiver, sans laisser la motte se dessécher. Nourrir du printemps à l'automne.
Soins : En période de préfloraison, des écarts de températures risque de provoquer la chute des boutons. Éliminer les fleurs fanées. Après la floraison, la plante pourra être installée à l'extérieur pour l'été, dans un lieu ombragé. Rempoter tous les deux ou trois ans en terre de bruyère.
Multiplication : Boutures.

Gerbera

Prisées pour leurs fleurs rappelant quelque peu la marguerite, ces herbacées vivaces déclinent près de 45 espèces, parmi lesquelles une seule peut être cultivée en pot.

Gerbera jamesonii
(Marguerite du Transvaal, pissenlit du Cap)
Les larges corolles rayonnant d'un cœur jaune d'or, portées par de hautes tiges, se dressent sur un lit de feuilles arrondies et duveteuses. Simples ou doubles, elles déploient des pétales doux et soyeux, colorés de rouge, orange, rose ou jaune qui évoquent la marguerite. La floraison naturelle s'étend des premiers jours de l'été à la fin de l'automne, mais certaines variétés fleurissent en hiver. Les feuilles peuvent jaillir de la souche sur 60 cm, mais pour l'intérieur, préférez les variétés plus compactes, ne dépassant pas 25 à 30 cm de haut.

LES CLÉS DE LA RÉUSSITE
Température : Entre 10 et 21°C pendant la floraison.
Humidité : Pulvériser les feuilles.
Exposition : Pleine lumière, à l'abri du soleil pendant les heures chaudes de l'été.
Arrosage et fertilisation : Arrosages copieux et apports d'engrais réguliers en période de forte croissance. Pendant la dormance de la plante, limiter l'arrosage en veillant à maintenir la motte humide.
Soins : La plante ne refleurira deux années de suite qui si elle est installée sous une véranda après la première floraison. Mieux vaut se défaire des sujets ayant fleuri.
Multiplication : par semis, mais une plante âgée se prêtera bien à la division de la motte.

CI-DESSOUS : Gerbera jamesonii *(hybride)*.

Guzmania

La majeure partie de ces broméliacées épiphytes nous viennent des forêts tropicales d'Amérique du Sud et doivent leur originalité à leur étonnante hampe florale. Nous présentons ici l'espèce la plus courante, mais il en existe beaucoup d'autres, très proches et tout aussi parfaitement adaptées à la culture en appartement, en jardin d'hiver ou en véranda.

Guzmania lingulata

Les longues feuilles en lanières arquées forment une rosette rouge violacée dont émerge une hampe florale dressée sur 30 cm. Ses bractées rouge vif ou orange enserrent d'étonnantes petites fleurs jaune pâle qui apparaissent en été. Par forçage, les horticulteurs et les professionnels parviennent néanmoins à stimuler la floraison tout au long de l'année. Plus ramassé, la variété *G. l. minor* ne dépasse généralement pas 15 cm.

LES CLÉS DE LA RÉUSSITE

Température : 16°C minimum en hiver.

Humidité : En hiver, bassiner le guzmania de temps à autre, et plus fréquemment pendant l'été.

Exposition : Soleil tamisée en été, bonne lumière en hiver.

Arrosage et fertilisation : Arrosages très généreux du printemps à l'automne. En hiver, humidifier légèrement la motte. Apports d'engrais dilué du printemps à la fin de l'été.

Soins : Verser de l'eau dans le cornet central en été.

Multiplication : Repiquage des rejets et semis.

CI-DESSOUS : Guzmania lingulata.

Gymnocalycium

Le genre regroupe une cinquantaine de cactus globuleux dont beaucoup se parent d'étranges fleurs en forme d'entonnoir. La plupart des espèces commercialisées sont en fait greffées sur la tige d'une autre cactée, car dans bien des cas, elles ne produisent pas suffisamment de chlorophylle pour prospérer à partir de leurs propres racines. On les cultive plus pour leur curieuse apparence que pour la beauté de leurs fleurs, plus rares.

Gymnocalycium mihanovichii

Cette plante sphérique gris-vert est divisée en croissants écaillés hérissés de frêles aiguilles incurvées et, en saison, porte quelques fleurs jaune-vert. Le cultivar *G. m.* « Friedrichii » se distingue par des fleurs roses en forme de lanterne. Les variétés les plus insolites, au corps jaune, orange, rouge

CI-DESSUS : Gymnocalycium mihanovichii.

ou presque noir, sont généralement greffés sur la tige verte d'un autre cactus.

LES CLÉS DE LA RÉUSSITE
Température : 5 à 10°C en hiver.
Humidité : Tolère une atmosphère sèche.
Exposition : Emplacement lumineux, en plein soleil en l'hiver. Éviter d'exposer les greffons colorés aux rayons du soleil en été.
Arrosage et fertilisation : Arrosages modérés en été, et très rares le reste de l'année. Il suffit d'éviter le flétrissement de la plante. Pendant l'été, administrer un engrais dilué.
Soins : Pour le rempotage, utiliser un mélange pour cactées.
Multiplication : Repiquage des rejets des espèces qui en produisent. Greffer les variétés qui ne synthétisent pas assez de chlorophylle pour subvenir à leurs propres besoins.

Gynura

Le genre compte environ 25 espèces herbacées ou arbustives, toutes originaires des régions tropicales de l'Asie. Seules les espèces au feuillage duveteux sont assez décoratives pour être cultivées en intérieur.

Gynura aurantiaca
Ses feuilles vert sombre, d'environ 15 cm de long, sont couvertes d'un fin duvet pourpré qui confère à la plante un aspect velouté. Cette plante au port dressé peut atteindre entre 45 et 90 cm. Au fur et à mesure de la croissance les feuilles finement dentelées retombent et s'étalent. Pour élégantes qu'elles soient, ses fleurs orangées diffusent en hiver une odeur peu supportable !

Gynura sarmentosa
Très proche de la précédente, cette espèce présente de plus petites feuilles portées par des tiges rampantes ou grimpantes. Elle peut se dresser sur 60 cm, voire davantage si elle est palissée. Également appelée *G. procumbens*, cette plante est souvent un cultivar de l'espèce, le *G.* « Purple Passion ».

LES CLÉS DE LA RÉUSSITE
Température : Pas moins de 10°C en hiver.
Humidité : Vaporiser les feuilles de temps en temps.
Exposition : Bonne lumière, à l'abri du soleil direct en été.
Arrosage et fertilisation : Bien arroser du printemps à l'automne, peu en hiver.
Soins : Pour favoriser une croissance buissonnante, pincer régulièrement les jeunes pousses. Supprimer les boutons avant que les fleurs ne menacent d'éclore et de répandre leur parfum désagréable !
Multiplication : Boutures.

CI-DESSUS : Gynura sarmentosa.
CI-DESSOUS : Gynura *« Purple Passion »*.

Haworthia

Ces plantes grasses forment de remarquables petites touffes de feuilles assez charnues et rugueuses disposées en rosettes.

Haworthia fasciata
Les feuilles épaisses, très légèrement recourbées et très pointues, disposées en belles rosettes ouvertes, sont rayées transversalement sur le revers d'excroissances blanches au relief assez bien marqué.

Haworthia margaritifera
Les feuilles ressemblent beaucoup à celles de l'espèce précédente, mais forment des rosettes un peu plus plates, d'environ 13 cm de diamètre. Les rugosités blanches grêlant leur face externe dessinent un motif beaucoup moins net.

LES CLÉS DE LA RÉUSSITE
Température : Pas moins de 10 à 13°C en hiver.
Humidité : Tolère un air sec.
Exposition : Autant de lumière que possible, en plein soleil de préférence.
Arrosage et fertilisation : Arroser modérément du printemps à l'automne, très peu en hiver. Apports d'engrais dilué ou spécial cactées pendant la période de forte croissance.

CI-DESSOUS : Haworthia margaritifera.

Soins : Rempoter au printemps, et principalement lorsque la rosette envahit toute la surface du pot.
Multiplication : Repiquage des rejets, le semis est également une méthode utilisée.

Hedera

La famille de lierres ne comporte qu'un nombre relativement limité d'espèces, mais chacune décline une infinité d'hybrides et de variétés, aussi décoratives les unes que les autres sur un treillis que dans une suspension.

Hedera canariensis
(Lierre des Canaries)
Avec ses grandes feuilles brillantes et légèrement lobées, bordées de blanc, *Hedera canariensis* « Variegata » est sans doute la variété la plus spectaculaire. Également commercialisée sous le nom de *Hedera canariensis* « Gloire de Marengo », les botanistes l'ont rebaptisée *Hedera algeriensis* « Gloire de Marengo ».

Hedera helix
(Lierre commun, lierre d'appartement, lierre des bois)
Le lierre commun, connu de tous, ne déroge pas à sa réputation de plante décorative. Ses petites feuilles, aux formes et panachures plus séduisantes les unes que les autres, sont très recherchées pour tapisser un mur, rem-

CI-CONTRE EN HAUT : Hedera helix *« Goldchila »*.
CI-DESSUS : Hedera canariensis *« Variegata »*.

plir une composition ou former des rideaux de verdure ou masquer un endroit triste.

LES CLÉS DE LA RÉUSSITE

Température : Emplacement frais, à l'abri du gel, à moins que la plante ne soit résistante et ait été soigneusement acclimatée. Éviter les pièces surchauffées en hiver.
Humidité : Vaporiser régulièrement le feuillage, surtout en été.
Exposition : Bonne lumière indirecte, surtout en hiver, ou ombre partielle. Éviter les emplacements trop ombragés.
Arrosage et fertilisation : Arroser à volonté pendant la saison chaude, modérément le reste du temps. Ne jamais laisser la motte se dessécher. Apports réguliers d'engrais du printemps à l'automne.
Soins : Rempoter à chaque année au printemps si la plante est dans un petit pot. Pincer les bourgeons régulièrement pour faire buissonner la plante.
Multiplication : Boutures.

Hibiscus

Le genre regroupe des espèces arbustives au feuillage persistant et caduc, des herbacées vivaces et des annuelles. L'espèce qui orne tant de jardins subtropicaux s'acclimate volontiers dans nos intérieurs.

Hibiscus rosa-sinensis
(Rose de Chine)
Ses superbes fleurs, simples ou doubles, forment des corolles de 10 à 13 cm de diamètre, dont jaillissent les étamines. Rouges, roses, orangées, jaunes ou blanches, elles apparaissent en été et ne durent qu'un jour ou deux. Les horticulteurs parviennent cependant à les forcer, de sorte qu'elles se succèdent sans interruption du printemps à l'automne. Avec son feuillage panaché, la variété « Cooperi » figure certainement parmi les plus belles plantes d'apparat. Dans des conditions idéales, la touffe peut atteindre 1,5 m, mais dépasse rarement les 80 cm en intérieur.

LES CLÉS DE LA RÉUSSITE

Température : Pas moins de 13°C en hiver.
Humidité : Bassiner le feuillage de temps à autre.
Exposition : Bonne lumière, à l'abri du soleil de mi-journée en été si la plante est derrière une fenêtre.
Arrosage et fertilisation : Arroser à volonté du printemps à l'automne, modérément en automne sans jamais laisser la motte se dessécher.
Soins : Éliminer régulièrement les feuilles fanées. Après la floraison ou vers la fin de l'hiver, retailler les longues pousses. Éviter de tourner le pot après formation des bourgeons qui risquent de tomber. Pendant les mois d'été, la plante se plaira en extérieur, à l'abri des intempéries.
Multiplication : Boutures, semis.

CI-DESSOUS : Hibiscus rosa-sinensis.

Hippeastrum

Les quelque 70 espèces de ce genre nous viennent des régions tropicales et subtropicales d'Amérique où elles poussent dans les savanes et les forêts soumises au régime de saison sèche périodique durant laquelle les feuilles disparaissent totalement , mais celles qui décorent nos intérieurs sont essentiellement des hybrides. Nous les appelons communément des amaryllis, mais ce nom désigne en fait une plante de jardin tout à fait différente.

***Hippeastrum* hybrides**
(Amaryllis)
Des tiges vigoureuses, dressées sur 60 cm, portent des grappes de fleurs en forme de trompette, blanches, roses, orange, rouges ou bicolores et parfois doubles. Les grandes feuilles en lanières apparaissent généralement après éclosion des fleurs. La floraison peut être forcée en hiver sans qu'il soit vraiment nécessaire de plonger la plante dans l'obscurité.

LES CLÉS DE LA RÉUSSITE
Température : En début de croissance, la plante doit être au chaud, mais les fleurs tiennent mieux au frais.
Humidité : Aucune exigence particulière.
Exposition : Pleine lumière.
Arrosage et fertilisation : Arroser modérément pendant la croissance des bulbes et ne pas arroser du tout pendant la période de repos. Apports d'engrais réguliers dès apparition des feuilles et jusqu'à la période de repos.
Soins : Planter dès que possible les bulbes spécialement préparés pour une floraison hivernale. Les autres fleurissent quelque temps plus tard. Plantés vers la fin de l'hiver ou le début du printemps, ils seront magnifiques au bout de cinq à six semaines. Au sortir de la dormance, placer les pots à 21°C. Si les racines semblent très sèches, les immerger quelques heures avant de les planter jusqu'à mi-hauteur.

Dès que la tige atteint 15 à 20 cm de haut, placer le pot en pleine lumière. En fin de floraison, recouper la tige et remiser la plante sous une véranda ou, pendant tous les mois d'été, au jardin. Limiter les arrosages en automne et laisser les feuilles se flétrir. Reprendre les arrosages un ou deux mois plus tard pour relancer un nouveau cycle végétatif.
Multiplication : Repiquage des rejets (qui apparaissent au bout de trois ans), ou semis (cette technique est beaucoup plus incertaine).

CI-DESSUS : Hippeastrum *(hybride).*

Howea

Ces palmiers au feuillage persistant sont la plupart du temps commercialisés sous le nom de kentia.

Howea belmoreana
(Palmier frisé)
Portées par des tiges dressées d'un vert franc, les frondes souples aux contours duveteux dessinent un élégant arc en éventail. Parfois répertoriée sous le nom de *Kentia balmoreana*, cette plante gagne beaucoup à être présentée seule.

Howea forsteriana
(Kentia)
Cette espèce ne se distingue de la précédente que par ses folioles un peu plus larges et moins retombantes. Elle porte aussi le nom de *Kentia forsteriana.*

A DROITE : Howea balmoreana *(syn.* Kentia balmoreana*).*
CI-DESSUS À DROITE : Howea forsteriana *(syn.* Kentia forsteriana*).*

LES CLÉS DE LA RÉUSSITE

Température : Pas moins de 16°C pour *Howea balmoreana* et de 10°C pour *Howea forsteriana.*

Humidité : Bassiner régulièrement les frondes.

Exposition : Bonne lumière, à l'abri du soleil de mi-journée si la plante est placée derrière une vitre. Tolère une ombre partielle. Pleine lumière en hiver.

Arrosage et fertilisation : Arroser modérément en été, très peu en hiver. Maintenir la motte à peine humide. Nourrir en été.

Soins : Éponger les feuilles de temps à autre. Une petite ondée d'été lui fera le plus grand bien. I faut éviter d'utiliser les produits lustrants qui risquent d'endommager les frondes.

Multiplication : Semis (difficile à réussir).

Hoya

Le genre regroupe près de 200 plantes grimpantes et des arbustes légers à feuillage persistant ; mais seules trois espèces sont des plantes d'intérieur. Nous présentons ci-après les deux plus courantes.

Hoya bella

(Fleur de porcelaine)

Ses tiges retombantes garnies des feuilles charnues d'environ 2,5 cm de long, portent, entre la fin du printemps et le début de l'automne, des ombelles de fleurs blanches en étoile, d'aspect cireux et agréablement parfumées. Son autre nom, très peu usité, est *Hoya lanceolata bella.*

Hoya carnosa

(Hoya cireux)

Des feuilles d'environ 7,5 cm de long, vertes ou panachées de blanc, apparaissent sur des tiges vigoureuses. Les fleurs sont un peu plus grandes que celles de l'espèce précédente et légèrement rosées.

LES CLÉS DE LA RÉUSSITE

Température : Pas moins de 10 à 13°C en hiver pour *Hoya carnosa* et de 18°C pour *Hoya bella.*

Humidité : Vaporiser les feuilles régulièrement hors de la période de floraison.

CI-DESSUS : Hoya bella.

Exposition : Bonne lumière, avec un peu de soleil direct, sauf pendant les heures chaudes de l'été particulièrement si la plante est placée derrière une vitre.

Arrosage et fertilisation : Arroser à volonté du printemps à l'automne, modérément en hiver. Nourrir très légèrement pendant la floraison.

Soins : Palisser la plante sur un arceau , un treillis ou une colonne de mousse. *Hoya bella* est du plus bel effet dans une suspension. Ne pas la déplacer après formation des bourgeons. Les racines étant fragiles, ne rempoter qu'en cas d'absolue nécessité.

Multiplication : Boutures de tiges semi-ligneuses ou par œil. Greffe de *Hoya bella* sur *Hoya carnosa.*

Hyacinthus

Parmi ces plantes à bulbes originaires d'Asie mineure et de la ceinture méditerranéenne, seule une espèce de jacinthe est couramment cultivée en appartement. Ses multiples variétés embaument d'un parfum suave nos appartements et nos jardins d'hiver pendant quelques semaines.

Hyacinthus orientalis

Les fleurons de la jacinthe, formant une grappe serrée au parfum suave, peuvent être simples ou doubles, rouges, roses, mauves, jaunes, bleues ou blanches. Les variétés multiflores donnent plusieurs bouquets, un peu plus aérés. Les fleurs apparaissent entre le début de l'hiver et la moitié du printemps, selon les variétés, et selon l'époque de la plantation et de la préparation des bulbes. Consultez un catalogue d'horticulteur pour identifier les cycles de votre plante.

LES CLÉS DE LA RÉUSSITE

Température : A moins que le bulbe ne soit destiné à une floraison précoce, il appréciera un emplacement assez frais. Le forçage ne doit commencer qu'après apparition du bourgeon. La hampe florale tient beaucoup mieux au frais.

Humidité : Ne requiert aucune exigence particulière.

Exposition : Pleine lumière lorsque les bourgeons fleuris ont pris couleur. En période de floraison, la luminosité n'a pratiquement aucune incidence.

Arrosage et fertilisation : Ne jamais laisser la motte se dessécher. Ne fertiliser que les bulbes devant être replantés en pleine terre, après floraison.

Soins : Les jacinthes ne durent généralement qu'une saison, mais il est possible de les replanter dans le jardin. Dans ce cas, arroser et nourrir régulièrement la plante après la floraison et jusqu'à ce que les dernières feuilles soient totalement flétries. Puis, acclimater la plante quelques jours dehors, avant de la mettre en terre. Après ce transfert, elle ne pourra plus refleurir en intérieur.

Multiplication : Repiquage des bulbilles. pour les jacinthes d'intérieur, la technique est très délicate. Mieux vaut racheter de nouveaux bulbes chaque année.

CI-DESSOUS : Hyacinthus orientalis *(variété).*

Hydrangea

Le genre compte plus d'une vingtaine de buissons à feuilles caduques et de plantes rampantes, à feuillage caduc ou persistant, mais seul le célèbre hortensia des fleuristes fleurit en pot.

Hydrangea macrophylla

Cette plante rustique produit parmi des rameaux de grandes feuilles ovales dentelées jusqu'à 15 cm de long des bouquets ronds de fleurs blanches, mauves, et bleutées. Selon les variétés, les ombelles portent des fleurs strictement identiques ou sont bordées d'une rangée de fleurons déployés. Au jardin, ces arbustes peuvent atteindre 1,5 m et constituer de magnifiques massifs très décoratifs, fleuris du mois de juin aux premières gelées, mais les plantes d'intérieur demeurent bien plus ramassées. Elles s'achètent généralement en fleurs au printemps, mais les horticulteurs proposent aussi des variétés spécialement préparées pour une floraison précoce ou tardive.

LES CLÉS DE LA RÉUSSITE

Température : Bien qu'il s'agisse d'une plante rustique, éviter de l'exposer à moins de 7°C en hiver. Vers la mi-janvier, installer dans un emplacement chaud et ensoleillé, et arroser un peu plus. Éviter les pièces surchauffées.

Humidité : Il est bon de vaporiser la plante de temps à autre, hors de la période de floraison.

Exposition : Pleine lumière ou emplacement légèrement ombragé. Elle peut supporter un peu de soleil direct en hiver, mais pas en été.

Arrosage et fertilisation : Arroser à volonté à l'eau douce du printemps à l'automne, modérément en hiver. Nourrir régulièrement en période de forte croissance.

Soins : La couleur des fleurs est déterminée par l'acidité du sol. Une terre de bruyère, acide, riche en humus et non calcaire, favorise l'apparition de fleurs bleues. Pour accentuer le coloris, ajouter un peu d'alun au mélange avant la floraison. Ne jamais laisser la motte se dessécher pendant la croissance. Après la chute des dernières fleurs, rabattre les tiges de moitié et remiser la plante au jardin pour l'été.

Multiplication : Boutures de tiges semi-ligneuses, dites « aoûtées ».

CI-DESSOUS : Hydrangea macrophylla.

CI-DESSUS : Hymenocallis x festalis.

Hymenocallis

Le genre compte une quarantaine de plantes à bulbe dont quelques-unes, disponibles chez les pépiniéristes spécialisés, sont parfois cultivées en potées.

Hymenocallis x *festalis*

Cet hybride, issu du croisement de *Hymenocallis narcissiflora* et *Hymenocallis longipetala*, déploie vers la fin du printemps ou en été une corolle profonde et odorante entourée de longs pétales fins dessinant des vrilles. Les feuilles en lanières se flétrissent en automne.

Hymenocallis narcissiflora

Proche de l'espèce précédente, *Hymenocallis narcissiflora* porte des grappes de trois à six fleurs blanches parfumées, retombant en clochettes et également entourées de fins pétales recourbés.

LES CLÉS DE LA RÉUSSITE

Température : Pas moins de 15°C en hiver, même si la plante est en période de dormance.

Humidité : Aucune exigence particulière.

Exposition : Pleine lumière, à l'abri du soleil de mi-journée en été, si la plante est placée derrière une vitre.

Arrosage et fertilisation : Arroser à volonté pendant la période de croissance. En hiver, laisser sécher la motte des espèces à feuillage caduc et arroser minutieusement les autres. Nourrir bien régulièrement dès le début de la croissance.
Soins : Planter les bulbes vers la fin de l'hiver ou le début de l'automne.
Multiplication : Repiquage des bulbilles.

Hypocyrta

Les botanistes ont redistribué les neuf espèces de ce genre sur d'autres variétés, dont une seule est communément cultivée en pot.

Hypocyrta glabra
Le buisson compact de feuilles vernissées d'un beau vert sombre atteint entre 15 et 25 cm de haut. En été, les tiges se couvrent, sur toute leur longueur, d'une multitude de petites fleurs orange à l'aspect cireux, qui ressemblent à de petits poissons rouges. Son véritable nom botanique, très peu usité, est désormais *Nematanthus*.

CI-DESSOUS : Hypocyrta glabra.

LES CLÉS DE LA RÉUSSITE
Température : Pas moins de 10°C en hiver.
Humidité : Bassiner régulièrement les feuilles.
Exposition : Pleine lumière, à l'abri du soleil direct de mi-journée en été. Autant de lumière que possible en hiver.
Arrosage et fertilisation : Arroser modérément du printemps à l'automne et très peu en hiver.
Soins : Rabattre les tiges d'un tiers après la floraison. Éviter d'installer la plante dans une pièce surchauffée en hiver, pendant sa période de repos.
Multiplication : Bouture, division ou semis.

Hypoestes

Parmi ces quelques plantes vivaces et buissons à feuillage persistant qui poussent à Madagascar et en Amérique du sud, deux espèces sont adaptées à la culture en pot. Nous présentons ci-après la plus courante.

Hypoestes phyllostachya
(Plante aux éphélides)
Les feuilles ovales et pointues, de près de 6 cm de long, sont mouchetées de rose ou de rouge. Selon les variétés et le milieu de culture, ces panachures sont plus ou moins marquées : certaines laissent à peine apparaître le fond vert sous des marbrures roses, rouges ou blanches, alors que d'autres, à dominante vert olive ou vert foncé, sont discrètement grêlées de rose ou de blanc. Le soleil direct favorise leur coloration. Une bonne taille régulière vous permettra de garder un beau buisson touffu de 30 à 60 cm. L'espèce est également commercialisée sous le nom de *Hypoestes sanguinolenta* qui, en toute rigueur, désigne en fait une autre plante.

CI-DESSUS : Hypoestes phyllostachys (*syn.* Hypoestes sanguinolenta).

LES CLÉS DE LA RÉUSSITE
Température : Pas moins de 13°C en hiver;
Humidité : Vaporiser régulièrement les feuilles.
Exposition : Pleine lumière, à l'abri des rayons de la mi-journée en été, si la plante est placée derrière une vitre.
Arrosage et fertilisation : Arroser modérément du printemps à l'automne et très peu en hiver. Nourrir régulièrement en été. Un apport d'engrais excessif est très déconseillé, il favoriserait une croissance tout en hauteur des tiges.
Soins : Pincer les jeunes pousses et les fleurs et tailler les tiges dénudées de temps en temps pour garder à la plante son port ramassé. Si elle pousse trop en hauteur et se dégarnit, rabattre les tiges qui produiront de jeunes pousses à la base.
Multiplication : Boutures et semis.

Impatiens

Il existe plus de 850 espèces d'impatientes. Les petits buissons qui fleurissent nos maisons et nos massifs de jardin sont généralement des hybrides issues de *Ipatiens walleriana*, et croisées avec d'autres espèces. Les hybrides Nouvelle Guinée, plus remarquables par leur feuillage multicolore que par leurs fleurs, constituent également de ravissantes plantes d'intérieur.

***Impatiens* hybrides**
(Impatiente, impatience, balsamine)
Le feuillage est couronné d'une magnifique masse généreuse de fleurs déclinant des nuances de rouge, orange, rose, mauve et blanc, unies ou multicolores, simples ou doubles, pouvant atteindre de 2,5 à 5 cm de diamètre. Des tiges rouges et cassantes portent de petites feuilles vert pâle. Les hybrides Nouvelle Guinée, plus volumineux, forment des arbrisseaux de 30 à 60 cm de haut, qui fleurissent assez rarement. Leurs feuilles, beaucoup plus grandes et plus légèrement allongées, présentent des tons cuivrés ou panachés.

LES CLÉS DE LA RÉUSSITE
Température : Pas moins de 13°C en hiver et 16° minimum pour une floraison permanente.
Humidité : Vaporiser les feuilles de temps à autre, en veillant particulièrement à ne pas asperger les fleurs.
Exposition : Pleine lumière, à l'abri des rayons de la mi-journée en été. Placée en mi-ombre, la plante a tendance à croître en hauteur et donne moins de fleurs.
Arrosage et fertilisation : Arroser modérément du printemps à l'automne et très peu en hiver.
Soins : Rabattre à quelques centimètres de la basse les tiges dégarnies et affaiblies des sujets âgés. Au besoin, rempoter au printemps. Ces plantes vivaces, faciles à semer et à bouturer, sont généralement traitées comme des annuelles et jetées après la floraison.
Multiplication : Semis et boutures. A de très rares exceptions près, les hybrides Nouvelle Guinée se prêtent beaucoup mieux au bouturage qu'au semis.

EN HAUT : Impatiens *(hybride)*.
CI-DESSUS : Impatiens *(hybride Nouvelle Guinée)*.

Iresine

Ces plantes vivaces à feuillage ornemental forment de superbes massifs de jardin dans les régions chaudes où le gel ne menace pas.

Iresine herbstii
Les feuilles en forme de spatules, de près de 7,5 cm de long, arborent un étonnant rouge bordeaux veiné de cramoisi. Les hautes tiges rouges de la variété « Autoreticulata » portent des feuilles vertes résillées de jaune. La plante peut atteindre 60 cm. Taillez-la de temps à autre pour discipliner la croissance et lui garder un certain volume.

Iresine lindenii
Très rare, cette espèce présente des feuilles étroites d'un rouge brillant, parcourues de nervures saillantes.

LES CLÉS DE LA RÉUSSITE
Température : Pas moins de 13°C en hiver.
Humidité : Vaporiser les feuilles.
Exposition : Pleine lumière, à l'abri des

rayons de la mi-journée en été, si la plante est placée derrière une vitre.

Arrosage et fertilisation : Arroser à volonté et nourrir du printemps à l'automne, puis réduire les apports d'eau en hiver.

Soins : Pincer les jeunes pousses de temps à autre pour que la plante reste touffue. Au besoin, tailler régulièrement les extrémités. La plante peut passer l'été dehors. Bien qu'elle soit vivace, elle perd inévitablement ses feuilles en hiver et a du mal à repartir au printemps suivant. En revanche, les boutures prennent si bien qu'il est plus simple de cultiver un nouveau sujet chaque année.

Multiplication : Boutures de tiges au printemps ou en été.

CI-DESSOUS : Iresine linenii.

Iris

La famille des iris compte des plantes à massifs rustiques et des plantes à bulbe. Ce sont des bulbes nains qui apportent la couleur à nos intérieurs au printemps.

Iris danfordiae

Les tiges dressées sur 10 cm sont couronnées de fleurs jaunes dégageant un léger parfum. Les longues feuilles effilées n'apparaissent qu'après les fleurs mais les dépassent très vite. Avant que ce feuillage n'envahisse la plante mieux vaut sortir les pots.

Iris reticulata hybrides

(Iris miniature)

Selon les variétés, les fleurs parfumées peuvent être bleues ou violettes, marquées de taches jaune vif à la gorge. La plante atteint une quinzaine de centimètres, et est très rapidement dépassée par son feuillage.

LES CLÉS DE LA RÉUSSITE

Température : Les fleurs de cette plante rustique tiennent plus longtemps au frais.

Humidité : Aucune exigence particulière.

Exposition : Pleine lumière après éclosion des bourgeons.

A DROITE : Iris reticulata *« Harmony »*.
CI-DESSOUS : Iris danfordiae.

Arrosage et fertilisation : Maintenir le mélange très légèrement humide, sans jamais le détremper.

Soins : Planter plusieurs bulbes en potée au début ou à la mi-automne avant de les installer dehors ou sous une véranda. Lorsque les poussent commencent à percer, rentrer les bulbes et les placer en pleine lumière. Après la floraison, jeter la plante.

Multiplication : Repiquage des bulbilles. Utiliser de préférence de nouveaux bulbes chaque année pour refaire des potées.

CI-DESSUS : Jasminum polyanthum.

Jasminum

Les jasmins, qui se déclinent en près de 200 espèces, sont des plantes ligneuses, au feuillage caduc ou persistant. Cette plante grimpante fleurit durant plusieurs années en jardin d'hiver, mais vous aurez plus de mal à la garder aussi longtemps en intérieur.

Jasminum officinale
(Jasmin commun)
Les rameaux de feuilles pennées, portent en été des bouquets de fines fleurs blanches parfumées de près de 2,5 cm de diamètre. La variété la plus courante, « Grandiflorum » (que vous trouverez encore sous le nom de *J. o. affine*), déploie de plus grandes fleurs, bordées de rose. Dans les régions tempérées, la plante peut être mise en pleine terre.

Jasminum polyanthum
(Jasmin d'appartement)
L'espèce se distingue de la précédente par des bourgeons roses qui s'ouvrent en hiver, laissant apparaître des plumets de fleurs blanches très odorantes.

LES CLÉS DE LA RÉUSSITE
Température : Pas moins de 7°C en hiver.
Humidité : Bassiner régulièrement le feuillage.
Exposition : Pleine lumière, un peu de soleil direct.
Arrosage et fertilisation : Arroser à volonté du printemps à l'automne, à peine en hiver afin de ne pas laisser la motte se dessécher. Nourrir régulièrement pendant les périodes de forte croissance.
Soins : Planter dans un grand pot et palisser. Au besoin, retailler pour discipliner la croissance qui, sans quoi, peut dépasser les trois mètre de haut. Éviter les pièces surchauffées en hiver. La plante passera volontiers l'été dehors.
Multiplication : Boutures.

Justicia

Parmi ces arbustes vivaces au feuillage persistant originaires des régions tropicales et subtropicales, une seule espèce est largement cultivée en intérieur. Elle est plus souvent commercialisée sous le nom de *Beloperone guttata.*

Justicia brandegeana
(Plante crevette)
Les branches arquées portent des inflorescence couleur saumon, composées de bractées enchâssées en forme de crevette. Elles

Kalanchoe

Le genre compte 125 espèces de plantes grasses et arbustes aux feuilles charnues, dont certaines s'acclimateront très facilement chez vous.

***Kalanchoe blossfeldiana* hybrides**
(Kalanchoé de Blossfeld)
Les feuilles coriaces, ovales et légèrement dentelées, virent du vert sombre au rouge sous le soleil. Les petites fleurs sont groupées en inflorescences serrées et aplaties sur de longues tiges. Leur teinte varie du mauve au rouge, à l'orange et au jaune. Elles apparaissent normalement au printemps, mais les horticulteurs arrivent à les forcer tout au long de l'année.

Les variétés cultivées sont des hybrides de 15 à 30 cm de haut (moins dans le cas des variétés naines), beuacoup plus souvent désignées par leur couleur que par leur nom botanique.

Kalanchoe daigremontiana voir *Bryophyllum daigremontianum.*

Kalanchoe manginii
Les tiges droites, garnies de feuilles en forme de spatule ou de lance, s'arquent peu à peu, laissant retomber à leur extrémité de remarquables bouquets de grandes clochettes rouge orangé.

Kalanchoe tubiflora voir *Bryophyllum tubiflorum.*

fleurissent presque toute l'année et gardent leur éclat pendant de longues semaines. Un sujet adulte atteindra près de 1 m, mais il est préférable de pincer les jeunes plantes pour former un buisson ramassé et fourni.

LES CLÉS DE LA RÉUSSITE

Température : 10 à 16°C en hiver.

Humidité : Vaporiser le feuillage de temps à autre.

Exposition : Pleine lumière. Un peu de soleil direct, sauf aux heures les plus chaudes de l'été, si la plante est placée derrière une vitre

Arrosage et fertilisation : Arroser à volonté et nourrir régulièrement du printemps à l'automne. Réduire les apports d'eau en hiver.

Soins : Rempoter à chaque printemps et rabattre les rameaux d'un tiers pour que la plante reste vigoureuse et touffue.

Multiplication : Boutures.

A GAUCHE : Justicia Brandegeana (*syn.* Beloperone guttata).

CI-DESSUS : Kalanchoe blossfediana *(hybride).*

CI-DESSUS : Kalanchoe manginii.

LES CLÉS DE LA RÉUSSITE

Température : Pas moins de 10°C en hiver.

Humidité : Tolère un air sec.

Exposition : Pleine lumière. Un peu de soleil direct, sauf aux heures les plus chaudes de l'été, si la plante est derrière une vitre.

Arrosage et fertilisation : Arroser à volonté et nourrir très régulièrement du printemps à l'automne. Mais il est indispensable de réduire les apports d'eau en hiver.

Soins : Pour conserver la plante, rempoter après la floraison et retailler les tiges pour lui garder son port buissonnant. Ces plantes vivaces, très faciles à reproduire, sont souvent traitées comme des annuelles et jetées après la floraison. Les jeunes plantes élevées en intérieur ne fleurissent que si elles reçoivent moins de 12 heures de lumière par jour. Au besoin, réduire les apports de lumière.

Multiplication : Boutures ou semis.

Kentia

Voir *Howea.*

Lilium

Malgré leur apparente fragilité, ces bulbes d'une élégance tout à fait remarquable sont présents dans de nombreux endroits et fleurissent les plus beaux jardins. Le genre comporte quelques espèces adaptées à la culture en appartement, telles que *Lilium auratum*, *Lilium longiflorum*, *Lilium regale* et *Lilium speciosum*, mais la plupart des plantes en pot sont des hybrides, dont certains ont été miniaturisés par un traitement chimique approprié.

Lilium hybrides

Les longues tiges portent de larges et grandes fleurs très odorantes, en forme de trompette ou aux pétales retroussés, rayées, mouchetées ou délicatement panachées dans des tons de rouge, orangé, jaune et blanc. La famille des lis s'enrichit chaque année de nouvelles variétés. Choisissez les plus petites pour votre intérieur, tout en sachant que vous aurez, sans nul doute, beaucoup de mal à limiter la croissance des tiges sans que vous ne soyez contraints de soumettre la plante à un traitement spécial.

LES CLÉS DE LA RÉUSSITE

Température : 3 à 10°C en hiver. Éviter les pièces surchauffées.

Humidité : Vaporiser de temps à autre.

Exposition : Pleine lumière, à l'abri du soleil d'été.

Arrosage et fertilisation : Il faut maintenir la motte bien humide pendant la période de forte croissance et également nourrir la plante régulièrement.

Soins : En automne ou en hiver, enfouir plusieurs bulbes dans un demi-pot, à 5 cm du fond et sous 10 cm de tourbe environ. Chaque variété ayant ses propres exigences, vous devrez suivre tous les conseils du pépiniériste ou du revendeur en la matière. Installer la potée au frais en veillant à ce que le mélange de culture soit à peine humide. Dès que les pousses apparaissent, déplacer le pot dans une endroit lumineux et aéré, à la température recommandée lorsque les bourgeons se forment, puis en leur offrant un

A GAUCHE : Lilium *(hybride)*.

peu plus de chaleur une fois qu'ils ont pris couleur. Une pièce trop chaude menacerait la tenue des fleurs. Après la floraison, replanter en pleine terre.
Multiplication : On peut multiplier les plantes en repiquant les caïeux, mais les cultiver en appartement est une opération bien délicate et exige un milieu adapté, les lis étant avant tout des plantes faites pour le jardin. Mieux vaut racheter des bulbes à chaque saison.

Lithops

Ces étonnantes et très curieuses plantes grasses présentent des touffes de feuilles doubles, épaisses et rondes, qui se confondent avec les galets et les pierres qui les entourent. Dans leur milieu naturel, ce mimétisme, doit sans doute, les protéger des prédateurs. Vous trouverez sur le marché différentes espèces, aussi amusantes qu'originales, mais leur croissance est extrêmement lente. Certaines espèces sont à moitié enterrées, et ne reçoivent la lumière que par un petit trou, une sorte de petite fenêtre.

Lithops bella
(Plante caillou, pierre vivante)
Les feuilles brun clair, gravées de fines marbrures claires, se développent par paire sur 2,5 cm de haut et laissent apparaître vers la fin de l'été ou le début de l'automne d'amusantes petites fleurs blanches rappelant la marguerite.

CI-DESSOUS : Lithops bella.

LES CLÉS DE LA RÉUSSITE
Température : Pas moins de 7°C en hiver.
Humidité : Tolère un air sec.
Exposition : Bonne lumière. Aime particulièrement baigner dans les rayons du soleil, même l'été.
Arrosage et fertilisation : Arroser très modérément en été et pas du tout en hiver. Ne redonner de l'eau que lorsque les feuilles âgées s'écartent pour laisser la place à de nouvelles pousses. Des apports d'engrais ponctuels ne s'imposent que si la plante est dans le même pot depuis très longtemps. Choisir un engrais spécial cactées.
Soins : Ne rempoter que lorsque les feuilles ont envahi le pot. Les plantes caillou sont des plantes de choix pour les jardins miniature de cactées.
Multiplication : Semis.

Lobivia

Ces cactées sphériques ou columnaires, couverts de belles aiguilles et de poils, forment peu à peu des touffes et fleurissent dès leur plus jeune âge. La culture de ces plantes est si facile qu'elle peut être confiée à de jeunes amateurs.

Lobivia densispina
La tige cylindrique côtelée, hérissée de longues épines, produit parfois des ramifications et porte de magnifiques et belles grosses fleurs en forme d'entonnoir. Son véritable nom botanique est *Echinopsis kuehnrichii.*

Lobivia famatimensis
La colonne est parcourue d'une vingtaine de nervures basses portant des épines jaunes. Au début de l'été, de larges fleurs éphémères jaunes à gorge verte apparaissent au sommet. L'espèce est répertoriée sous le nom de *Rebutia famatimensis.*

Lobivia hertrichiana
Les côtes saillantes de la colonne portent de longues épines jaunes et en été, des fleurs rouges se déploient pendant quelques jours.

EN HAUT : Lobivia densispina.
CI-DESSUS : Lobivia herrichiana.

LES CLÉS DE LA RÉUSSITE
Température : Pas moins de 5 à 7°C en hiver. Éviter les pièces surchauffées. Mais il faut les protéger du gel.
Humidité : Tolère un air sec.
Exposition : Autant de lumière que possible, et un peu de soleil direct.
Arrosage et fertilisation : Arroser modérément à l'eau douce et tiède sans calcaire en été. On peut, lorsqu'il fait chaud, lui verser de l'eau sur la tête. De l'automne (après octobre) au printemps, il faut laisser la plante au sec. Apports d'engrais dilué en été.
Soins : La plante ne donnera de belles fleurs que si elle n'est pas soumise à des températures trop fraîches en hiver. Rempoter les jeunes sujets à chaque printemps.
Multiplication : Repiquage des rejets, bouturage des rejets non enracinés ou semis.

Mammillaria

Le genre compte près de 150 espèces de cactées à tige sphérique ou cylindrique, relativement ramassés, et produisant pour la plupart des fleurs. On les trouve au Mexique, dans les îles de l'Inde occidentale et dans le sud des États-Unis d'Amérique. Nous présentons ci-après les espèces les plus largement cultivées, mais vous pourrez en trouver beaucoup d'autres chez les horticulteurs et chez les pépiniéristes spécialisés.

Mammillaria bocasana

La tige globuleuse ou en colonne, couverte d'épines crochues et de poils blancs, se ramifie peu à peu et porte des bourgeons de fleurs rouges qui, en s'ouvrant, déploient des pétales blancs.

Mammillaria elongata

Les colonnes ramifiées, hérissées d'épines teintées de jaune et de brun, se parent en été de fleurs crème.

Mammillaria wildii

Les touffes de tiges cylindriques ramifiées, tapissées d'épines et d'un long duvet blancs, sont parsemées de petites fleurs blanches au printemps.

Mammillaria zeilmanniana

Les grappes de tiges globuleuses sont recouvertes d'un réseau serré d'épines crochues. Au printemps, des fleurs allant du carmin au rose pâle forment un anneau au sommet.

LES CLÉS DE LA RÉUSSITE

Température : Pas moins de 7°C en hiver.
Humidité : Tolère un air sec.
Exposition : Autant de lumière que possible, un peu de soleil direct.
Arrosage et fertilisation : Arroser modérément du printemps à l'automne, pratiquement pas en hiver.
Soins : Rempoter les jeunes plants à chaque printemps, et moins souvent pour les sujets âgés.
Multiplication : Boutures, semis.

CI-DESSUS : Mammillaria zeilmanniana.
CI-DESSOUS : Mammillaria bocasiana *(à gauche) et* M. wildii *(à droite).*

EN HAUT : Maranta leuconeura erythroneura *(syn.* « Erythrophylla » *et* M. tricolor).
CI-DESSUS : Maranta leuconeurea kerchoveana.

Maranta

Ces plantes originaires d'Amérique centrale et d'Amérique du Sud sont particulièrement appréciées pour leur feuillage décoratif.

Maranta bicolor

Les feuilles ovales, marquées de cinq à huit chevrons bruns symétriques et rouge bordeaux sur le revers, peuvent atteindre 15 cm de long. La plante porte parfois de petites fleurs blanches.

Maranta leuconeura

(Dormeuse, plante qui prie)
Cette espèce tubéreuse présente un feuillage nervuré de blanc. Parmi les variétés les plus

courantes, M. l. erythroneura (encore appelée M. l. « Erythrophylla » et parfois confondue avec *M. tricolor*) est parcourue en son centre d'un chevron jaune d'où rayonnent des nervures rouges saillantes. Les panachures brunes de *M. l. kerchoeana* virent au vert avec le temps.

LES CLÉS DE LA RÉUSSITE

Température : Pas moins de 10°C en hiver.

Humidité : Assurer une bonne humidité ambiante. Vaporiser les feuilles régulièrement.

Exposition : Pleine lumière, à l'abri des rayons du soleil. Autant de lumière que possible en hiver.

Arrosage et fertilisation : Arroser à volonté à l'eau douce du printemps à l'automne, modérément en hiver. Apports d'engrais réguliers en été.

Soins : Rempoter tous les deux ans, au printemps.

Multiplication : Division.

Mimosa

Ce genre extraordinairement varié regroupe arbres, arbustes, plantes grimpantes et annuelles, chaque espèce présentant des caractères et des besoins très particuliers. Seule la sensitive, présentée ci-après, convient à la culture en appartement.

Mimosa pudica

(Sensitive)

Réputée pour son feuillage surprenant, cette plante porte au bout de longues tiges fines des feuilles qui se replient au moindre contact, puis laisse retomber ses branches, pour reprendre leur position originelle une heure plus tard. La nuit, les feuilles se referment naturellement. En été, elle produit des fleurs roses en forme de boules. Cette plante vivace, qui dépasse rarement les 60 cm, est généralement traitée comme une annuelle.

LES CLÉS DE LA RÉUSSITE

Température : Pas moins de 16°C en hiver.

Humidité : Vaporiser les feuilles.

Exposition : Autant de lumière que possible, avec un peu de soleil direct, sauf aux heures les plus chaudes de l'été.

Arrosage et fertilisation : Arroser à volonté à l'eau douce du printemps à l'automne, modérément en hiver. Apports d'engrais réguliers en été.

Soins : Rempoter au printemps. Très faciles à multiplier par semis, ces plantes peuvent néanmoins être jetées après la floraison.

Multiplication : Semis, boutures.

CI-DESSOUS : Mimosa pudica.

CI-DESSUS : Monstera deliciosa.

Monstera

Bon nombre de ces plantes grimpantes aux tiges ligneuses, originaires des régions tropicales d'Amérique, sont épiphytes.

Monstera deliciosa

(Faux philodendron, monstre)

La tige centrale développe d'épaisses racines aériennes qui s'agrippent au support, et porte de grandes feuilles tendres, pouvant atteindre 60 cm de large, dont le limbe en cœur se découpe et se perfore progressivement. Verte ou panachée, la plante atteindra rapidement le plafond. En serre ou dans un jardin d'hiver elle donne parfois des fleurs blanches rappelant le lis. Vous pourrez également la trouver sous son ancien nom de *Philodendron pertusum.*

LES CLÉS DE LA RÉUSSITE

Température : Pas moins de 10°C en hiver.

Humidité : Vaporiser les feuilles régulièrement.

Exposition : Pleine lumière indirecte ou ombre.

Arrosage et fertilisation : Arroser à volonté du printemps à l'automne, peu en hiver.

Soins : Palisser sur une colonne de mousse aux dimensions adaptées. Éponger légèrement les feuilles de temps à autre.

Multiplication : Boutures, marcottage aérien.

Narcissus

C'est parmi ces plantes bulbeuses, à floraison hivernale ou printanière, que l'on retrouve les ravissantes jonquilles et narcisses qui sont en général rustiques, mais dont certains hybrides peuvent être forcés pour une floraison précoce en intérieur.

Narcissus hybrides
(Narcisse, jonquille)
L'espèce décline des centaines d'hybrides, depuis les jonquilles classiques aux fleurs évasées jusqu'aux variétés naines, déployant des tons de jaune et de blanc. Les pépiniéristes proposent, dans de très nombreux catalogues, des bulbes spécialement préparés qui fleuriront hors saison. Laissez-vous séduire par le parfum léger des corolles blanches centrées de jaune d'or de la « Paperwhite » et les couronnes jaune vif de la variété « Grand soleil d'or ».

CI-DESSUS : Narcissus « *Cheerfulness* ».

LES CLÉS DE LA RÉUSSITE

Température : 15 à 21°C pour les variétés décrites ci-dessus. Placer les bulbes de jardin cultivés en pot dans un endroit frais et assez peu éclairé, en attendant l'apparition des premiers bourgeons, à partir de ce moment installer au chaud.
Humidité : Aucune exigence particulière.
Exposition : Pleine lumière en permanence pour « Paperwhite » et « Grand soleil d'or ». Les autres variétés exigent une bonne luminosité après apparition des bourgeons. Toutefois l'exposition n'a aucune incidence sur la floraison de ces plantes éphémères.
Arrosage et fertilisation : Arroser très modérément pendant la croissance des bulbes. S'ils doivent par la suite rejoindre la pleine terre, arroser régulièrement jusqu'à la plantation. Aucun apport d'engrais ne s'impose.
Soins : Les deux variétés citées ci-dessus (« Paperwhite » et « Grand soleil d'or »), à floraison précoce, peuvent être cultivées en pot ou dans une simple coupelle de galets inondés. Veiller alors à ne pas plonger les bulbes dans l'eau. Rempoter les variétés de jardin destinées à être forcées dans des pots, puis les installer au frais (entre 7 et 10°C) et dans l'obscurité jusqu'à formation des racines. Ne rentrer les pots que lorsque les boutons des fleurs sont bien formés.
Multiplication : Repiquage des rejets et des boutures de bulbilles. La technique étant plutôt laborieuse, mieux vaut racheter des bulbes chaque année.

Neoregalia

Ces broméliacées épiphytes, au feuillage disposé en rosette, nous viennent essentiellement du Brésil, une seule de Guyane. On les trouve sur les arbres dans la forêt vierge. Chez certaines espèces, les feuilles se parent de magnifiques couleurs au moment de la floraison.

Neoregalia carolinae
Les grandes feuilles dentées, longues de 40 cm sur 5 cm de large forment une rosette plate dont le cœur vert s'empourpre vers l'été, à l'époque de la floraison. *N. c. tricolor* étend des lanières un peu plus étroites et marquées de bandes blanches sur leur longueur. Le cœur de la rosette abrite des inflorescences mauves

LES CLÉS DE LA RÉUSSITE

Température : Pas moins de 13°C en hiver.
Humidité : Vaporiser les feuilles régulièrement.
Exposition : Pleine lumière, à l'abri du soleil direct.
Arrosage et fertilisation : Arroser légère-

CI-DESSOUS : Neoregalia carolinæ.

ment le mélange de culture en toutes saisons à l'eau douce et remplissez régulièrement le cornet central en diluant un engrais à l'eau d'arrosage en été.

Soins : Après la floraison, la plante se flétrit. L'exposition ne revêt donc pas une importance vitale pendant cette période. En revanche, pour pouvoir repiquer les rejets, il est essentiel de lui offrir une bonne luminosité et de continuer de la nourrir. La plante étant difficile à garder plusieurs années de suite, mieux vaut la laisser sous une véranda pendant la croissance et ne la rentrer que lorsque les bractées centrales commencent à se teinter de rouge.

Multiplication : Repiquage des rejets.

Nephrolepsis

Le genre rassemble une trentaine de fougères terrestres et épiphytes, au feuillage persistant ou semi-persistant, provenant des diverses régions tropicales du globe, dont une seule espèce est largement cultivée en pot.

Nephrolepsis exaltata

(Fougère de Boston, nephrolepsis élevé)

Nephrolepsis exaltata est la plus connue et, sans doute, la plus résistante des fougères d'appartement. Les frondes plumeuses et très découpées forment une masse luxuriante de 45 à 60 cm. Présentée sur un piédestal ou dans une suspension, la variété « Bostoniensis » dessine une cascade des plus gracieux. Les feuilles de la « Teddy Junior » sont crénelées et gaufrées, celles de la « Whitmanii », profondément découpées, ont la légèreté de la dentelle.

LES CLÉS DE LA RÉUSSITE

Température : Pas moins de 18°C en hiver.

Humidité : Vaporiser les frondes régulièrement.

Exposition : Bonne luminosité, à l'abri des rayons du soleil.

Arrosage et fertilisation : Arroser à volonté à l'eau douce en été, très minutieusement en hiver. Éviter de détremper la motte de cette espèce, aussi sensible à la sécheresse qu'à un arrosage excessif.

Soins : Rempoter au printemps si la plante est à l'étroit. Très difficile à garder en intérieur, la plante atteindra toutefois rarement un stade de développement qui justifie cette opération. Il faut lui éviter les courants d'air qu'elle n'apprécie guère.

Multiplication : Repiquage des plantules poussant à intervalles sur les rhizomes ou semis des spores pour l'espèce mère.

Nerium

Ces arbustes à feuillages persistant sont surtout cultivés pour leurs fleurs. Le laurier rose fait sensation en intérieur et décore merveilleusement les jardins dans les régions tempérées.

Nerium oleander

(Laurier rose, oléandre)

CI-DESSUS : Nerium oleander.

Ses feuilles coriaces, déployées par trois sur 15 à 20 cm de long autour d'un tronc ligneux, rappellent un peu celles du saule. Des bouquets de fleurs odorantes, blanches, rouges, roses ou lilas, simples ou doubles selon les variétés, naissent à l'extrémité des tiges. Parvenu à maturité, l'arbuste, qui atteint aisément 1,8 m, sera plus à son aise dans un jardin d'hiver.

LES CLÉS DE LA RÉUSSITE

Température : Pas moins de 7°C en hiver.

Humidité : Aucune exigence particulière.

Exposition : Pleine lumière, avec un peu de soleil direct.

Arrosage et fertilisation : Arroser à volonté du printemps à l'automne, très peu en hiver, sans jamais laisser la motte s'assécher. Apports d'engrais réguliers au printemps et en été.

Soins : Après quelques jours d'acclimatation, la plante passera volontiers l'été dehors ou dans une cour abritée. On la rentrera néanmoins avant que les nuits ne se rafraîchissent. En automne, rabattre de moitié les tiges qui ont fleuri pour encourager une croissance buissonnante et compacte.

Multiplication : Boutures.

A GAUCHE : Nephrolepsis exaltata *« Bostoniensis »*.

Nertera

Parmi ces quelques plantes rampantes, une seule espèce, appréciée pour ses minuscules baies aux couleurs vives, est cultivée.

Nertera depressa voir *Nertera granadensis.*

Nertera granadensis
Les tiges rampantes forment une masse de verdure dense et ramassée de feuilles minuscules ne dépassant pas les 6 mm. Au printemps, la plante se couvre d'une multitude de petites fleurs insignifiantes qui, à l'automne, laissent place à une profusion de baies orangées. L'espèce est aussi commercialisée sous le nom de *N. depressa.*

LES CLÉS DE LA RÉUSSITE
Température : Pas moins de 7°C en hiver.
Humidité : Vaporiser les feuilles de temps en temps.
Exposition : Pleine lumière, avec un peu de soleil direct.
Arrosage et fertilisation : Arroser à volonté du printemps à l'automne, modérément en hiver, sans jamais laisser la motte se dessécher.
Soins : Le feuillage ne présente pas, en soi, grand intérêt ; En attendant l'arrivée des baies, sortir la plante que vous pourrez jeter après la floraison, ou garder si vous la soignez minutieusement.
Multiplication : Division, semis.

CI-DESSOUS : Nertera granadensis.

Nidularium

Très proches des Neoregalia, ces broméliacées épiphytes forment une rosette basse.

Nidularium billbergioides citrinum
Les feuilles étroites, de 45 à 60 cm de long, légèrement arquées, forment une rosette d'où jaillit une hampe spectaculaire. Les bractées jaune vif, enserrant une inflorescence blanche insignifiante, illuminent la plante pendant plusieurs semaines.

Nidularium fulgens
Les rosettes étalent de larges lanières vertes à bords épineux qui, pendant la floraison, se parent à leur base d'un magnifique rouge vif. En été, le cornet central rempli d'eau laisse émerger pendant quelques jours des fleurs tubulaires mêlant des tons de blanc et de violet.

Nidularium innocentii
La plante ressemble beaucoup à l'espèce précédente, mais les feuilles vert foncé ondulées en ruban sont ici teintées de pourpre sur leur

CI-CONTRE EN HAUT : Nidularium fulgens.
CI-CONTRE EN BAS : Nidularium innocentii striatum.
CI-DESSUS : Nidularium billbergiodes citrinum.

face inférieure. En période de floraison, les bractées forment un vase pourpre autour des fleurs blanches.

LES CLÉS DE LA RÉUSSITE

Température : Pas moins de 10°C en hiver.
Humidité : Vaporiser les feuilles.
Exposition : Pleine lumière, à l'abri des rayons du soleil.
Arrosage et fertilisation : Arroser à volonté du printemps à l'automne en remplissant constamment le cornet central, modérément en hiver. Apports d'engrais dilué en été.
Soins : La rosette meurt après la floraison, laissant place à des plantules qui, cultivées en serre ou dans un jardin d'hiver, parviendront à maturité au bout de deux ou trois ans. A défaut d'un environnement adapté, mieux vaut jeter la plante et en racheter une en fleur à la saison suivante.
Multiplication : Repiquage des plantules.

Notocactus

Le genre compte quelques cactées à tige sphériques, hérissées de longues épines radiales poussant le long des côtes, qui portent très vite de nombreuses fleurs.

Notocactus apricus

La tige forme un petit globe aplati très épineux, nervuré de nombreuses côtes saillantes. En été, les fleurs déploient des corolles jaunes sur 7,5 cm. L'espèce a été rebaptisée *Parodia concinna.*

Notocactus ottonis

La tige sphérique, divisée en quartiers, porte de longues épines rigides et, en été, des fleurs jaune d'or de 7,5 cm de diamètre. L'espèce a été rebaptisée *Parodia ottonis.*

LES CLÉS DE LA RÉUSSITE

Température : Pas moins de 10°C en hiver.
Humidité : Tolère un air sec.
Exposition : Pleine lumière. Un peu de soleil direct et d'ombre en été, lumière tamisée au printemps.

EN HAUT : Notocactus apricus.
CI-DESSUS : Notocactus ottonis.

Arrosage et fertilisation : Arroser à volonté à l'eau douce du printemps à l'automne, très peu en hiver.
Soins : Éviter les pièces trop chaudes en hiver.
Multiplication : Semis. Boutures des espèces produisant des rejets.

Odontoglossum

Ces orchidées épiphytes sont originaires des hautes forêts tropicales d'Amérique. L'espèce proposée ci-après est la plus facile à réussir en intérieur, les autres pouvant être plus délicates.

Odontoglossum grande
En automne, la plante déploie de magnifiques grandes fleurs de 15 cm de diamètre, aux pétales bigarrés de tons jaunes, blancs et bruns. L'espèce, désormais répertoriée comme *Rossioglossum grande*, compte plusieurs variétés.

LES CLÉS DE LA RÉUSSITE
Température : Pas moins de 13°C en hiver.
Humidité : Vaporiser les feuilles de temps en temps.
Exposition : Pleine lumière, à l'abri des rayons du soleil. Autant de lumière que possible en hiver.
Arrosage et fertilisation : Arroser à volonté à l'eau douce et apporter un engrais dilué du printemps à l'automne. En hiver, maintenir la motte juste assez humide pour éviter le flétrissement des pseudobulbes.
Soins : Lorsque les nouvelles pousses se fanent et meurent, rempoter dans un mélange spécial pour orchidées.
Multiplication : Division.

CI-DESSOUS : Odontoglossum grande.
CI-DESSOUS À DROITE : Opuntia microdasys.

Opuntia

Enfant chéri des collectionneurs, le genre rassemble plus de 200 cactées, allant des minuscules plantes rampantes aux arbres gigantesques.

Opuntia cylindrica
Les tiges cylindriques, se ramifient progressivement et peuvent atteindre 1,8 m de haut. Au printemps ou au début de l'été, elles produisent des fleurs rouge pâle en soucoupe.

Opuntia microdasys
(Raquettes, oreilles de lapin)
Les grands segments vert pâle aplatis forment des raquettes de 30 cm emboîtées les unes sur les autres. Ils sont couverts de touffes de glochides, minuscules aiguillons crochus. *O. m. albinospina* porte des glochides blancs. Les plus grands spécimens, rares en intérieur, produisent des fleurs jaunes de 5 cm de diamètre.

Opuntia phaeacantha
Cette espèce rustique dresse des segments ovales, de 15 cm de diamètre, hérissés de redoutables glochides bruns, et porte des fleurs jaunes.

CI-DESSUS DE GAUCHE À DROITE : Opuntia vestita *(à gauche),* Opuntia cylindrica *(au centre),* Opuntia phaeacantha *(à droite).*

Opuntia vestita
Les tiges en colonnes ramifiées, très cassantes, sont enrobées d'un épais lainage blanc et se parent de petites fleurs rouge vif.

LES CLÉS DE LA RÉUSSITE
Température : Pas moins de 7°C en hiver.
Humidité : Tolère un air sec.
Exposition : Pleine lumière, en soleil direct de préférence.
Arrosage et fertilisation : Arroser modérément du printemps à l'automne, pratiquement pas en hiver. En été, apporter un engrais spécial cactées dilué.
Soins : Au besoins, rempoter au printemps, dans un mélange terreux pour les espèces à raquettes et dans un mélange spécial pour les cactées pour les autres. Éviter les pièces surchauffées en hier. Dans les régions tempérées, certaines espèces peuvent être plantées en extérieur.
Multiplication : Semis. Bouture des raquettes.

Oxalis

Ce genre très riche regroupe des plantes vivaces à racines tubéreuses, rhizomateuses ou fibreuses, qui allient généralement un feuillage original à d'élégantes inflorescences. Dans les jardins, certaines espèces particulièrement prolifiques, envahissent les massifs.

Oxalis deppei
Les zébrures rougeâtres des quatre folioles des feuilles, dont la forme rappelle le trèfle, forment un cercle parfait autour du pétiole. Vers la fin du printemps ou en été, cette plante rustique porte de petites fleurs en entonnoir, rouges ou mauves à gorge claire. L'espèce a été rebaptisée *O. tetraphylla.*

LES CLÉS DE LA RÉUSSITE
Température : Pas moins de 7°C en hiver. Certaines espèces, rustiques, se plaisent davantage en intérieur.
Humidité : Aucune exigence particulière.
Exposition : Pleine lumière, à l'abri des rayons du soleil, ou ombre partielle.
Arrosage et fertilisation : Arroser à volonté en période de forte croissance et nourrir pendant tout le cycle de croissance.
Soins : Éviter les pièces trop chaudes qui condamneraient irrémédiablement la plante. Après la floraison, les espèces rustiques peuvent regagner la pleine terre.
Multiplication : Repiquage des rejets.

CI-DESSOUS : Oxalis deppei.

Pachystachys

Parmi ces plantes vivaces et arbustes à feuillage persistant, une seule espèce convient à la culture en intérieur.

Pachystachys lutea
(Plante aux crevettes jaunes). De la fin du printemps à l'automne, de longues bractées en forme de cône se dressent sur 10 cm au-dessus des feuilles ovales. Les fleurs blanches éphémères émergent des épis jaune.

LES CLÉS DE LA RÉUSSITE
Température : Pas moins de 13°C en hiver.
Humidité : Vaporiser régulièrement les feuilles en été.
Exposition : Pleine lumière, à l'abri du soleil de mi-journée en été.
Arrosage et fertilisation : Arroser à volonté du printemps à l'automne, beaucoup plus modérément en hiver. Apports d'engrais réguliers en été.
Soins : A la fin de la floraison, recouper les inflorescences et tailler les longues pousses au printemps afin de discipliner la croissance de la plante. Rempoter à chaque printemps.
Multiplication : Boutures.

CI-DESSOUS : Pachystachys lutea.

Paphiopedilum

Le genre rassemble une soixantaine d'orchidées dont seuls les hybrides sont cultivés.

***Paphiopedilum* hybrides**
(Sabot de Vénus, sabot de Notre-Dame, cypride). Cette orchidée déploie en hiver ou au printemps de grandes fleurs de 5 à 10 cm de diamètre, présentant une épaisse lèvre inférieure en pantoufle entourée de gracieux pétales en formes d'aile. Selon les variétés, la fleur décline des nuances de brun, orange, ambre, vert et violet, et est souvent marquée de rayures ou de taches très visibles. L'espèce est parfois proposée sous son ancien nom de *Cypripedium.*

LES CLÉS DE LA RÉUSSITE
Température : Pas moins de 13°C en hiver.
Humidité : Vaporiser de temps à autre.
Exposition : Pleine lumière, à l'abri du soleil direct.
Arrosage et fertilisation : Arroser à volonté à l'eau douce du printemps à l'automne, très peu en hiver. Apports d'engrais dilué en période de forte croissance.
Soins : Retirer les feuilles fanées. Veiller à ce que les limaces n'attaquent pas le feuillage.
Multiplication : Division.

PAGE CI-CONTRE EN HAUT :
Paphiopedilum « *Green Gable* ».

Parodia

Ces cactus globuleux, au relief marqué et généralement très épineux, se dressent légèrement en colonne avec le temps. Certaines espèces se prêtent fort bien aux greffes.

Parodia aureispina
Le globe de 10 cm de diamètre est habillé d'un réseau serré d'épines jaunes et blanches acérées. Au printemps, de petites fleurs jaunes de 2,5 cm naissent au sommet.

Parodia chrysacanthion
Le globe de 10 cm de diamètre, parfois aplati à la base, est hérissé de touffes de fines épines et porte au printemps des fleurs jaunes.

LES CLÉS DE LA RÉUSSITE

Température : 7 à 12°C en hiver.

Humidité : Tolère un air sec.

Exposition : Autant de lumière que possible, un peu de soleil direct de préférence.

Arrosage et fertilisation : Arroser modérément à l'eau douce (eau de pluie) du printemps à l'automne, pratiquement pas en hiver. Apports d'engrais dilué ou spécial pour les cactées en été.

Soins : Ces plantes à croissance lente ont rarement besoin d'un rempotage. Le cas échéant, choisir un mélange spécial cactées.

Multiplication : Semis.

CI-CONTRE À DROITE : Parodia aureispina.
A DROITE : Parodia chrysacanthion.

Pelargonium Espèces fleuries

Le genre décline près de 250 espèces, originaires pour la plupart d'Afrique du Sud. Ce sont néanmoins surtout des hybrides, issus de multiples croisements, qui ornent nos intérieurs et nos massifs d'été.

***Pelargonium grandiflorum* (*P. domesticum*) hybrides**
(Géranium des fleuristes)
Issues du croisement de *P. grandiflorum*, *P. cordatum* et d'autres espèces, ces hybrides sont désormais plus connus sous les noms de pélargoniums royaux ou « Martha Washington ». La floraison, qui s'étend du début du printemps à la moitié de l'été, est plus courte que celle des géraniums des horticulteurs, mais offre des inflorescences plus généreuses, plus fripées et dans bien des cas des alliances de coloris tout à fait spectaculaires. Les feuilles vert uni, festonnées et légèrement dentelées, d'environ 7,5 cm de diamètre, forment un buisson de 30 à 60 cm de haut.

Pelargonium peltatum hybrides
(Géranium lierre)
Les longues tiges souples retombant en cascade, portent des feuilles découpées en cinq lobes, rappelant un peu le lierre, et se parent de petites grappes de fleurs en étoile, simples ou doubles, dans des tons de rouge ou de rose. La plante, très décorative, donne toute sa mesure sur un piédestal ou dans une suspension.

CI-DESSOUS : Pelargonium *« Regal »*.

CI-DESSUS : Pelargonium zonale.

Pelargonium zonale hybrides
(Géranium des horticulteurs)
C'est cette espèce que l'on retrouve le plus souvent dans les massifs d'été. Les feuilles arrondies, légèrement lobées, s'étendent sur 7 à 10 cm de diamètre, et un peu moins pour les variétés naines.

Elles sont parfois ornées d'une auréole centrale, dorées ou panachées. Les bouquets ronds de fleurs simples ou doubles, jettent des éclats de rose, orange, rouge, violet et blanc. Les formes, dimensions et coloris des fleurs sont tout aussi variées que les motifs des feuilles.

Du haut de leur 15 à 23 cm, les variétés naines rehaussent merveilleusement un appui de fenêtre ou décorent une véranda ou même une grande terrasse pleine de verdure.

Espèces à feuilles odorantes

Certains géraniums des horticulteurs allient à la grâce de leurs fleurs un magnifique feuillage. Ces espèces sont généralement plus décoratives que les géraniums cultivés uniquement pour le parfum de leur feuillage, dont les inflorescences manquent souvent de caractère. Seules les variétés panachées présentent réellement un intérêt esthétique.
Leurs feuilles, très sensibles au toucher, exhalent cependant des parfums agréables. Notre classification, qui ne saurait être exhaustive, paraîtra parfois fantaisiste, voire contradictoire, tant il est vrai qu'il est difficile de décrire des odeurs souvent mêlées. Fiez-vous donc davantage à votre odorat pour choisir celles qui embaumeront votre intérieur.

Pelargonium capitatum
Les feuilles profondément découpées déga-

EN HAUT : Pelargonium peltatum *(hybride)*.
CI-CONTRE DE GAUCHE À DROITE : Pelargonium odoratissimum, Pelargonium graveolens, P. crispum *« Variegatum »*.

gent un parfum de rose et se parent de fleurs mauves. Dans de bonnes conditions, la plante atteindra 90 cm de haut.

Pelargonium crispum

Des accents de citron émanent des petites feuilles vert et crème lobées Des fleurs roses surmontent les tiges d'environ 60 cm.

Pelargonium graveolens

Le parfum des feuilles découpées et lobées rappelle la rose. Les rameaux atteignent 90 cm et portent des fleurs du rose au rouge.

Pelargonium odoratissimum

Le buisson de feuilles rondes, à l'odeur de pomme, se dresse sur 30 cm et accueille des fleurs blanches.

Pelargonium tomentosum

Les grandes feuilles arrondies et légèrement lobées dégagent une senteur de menthe. La touffe de 60 cm se pare de petites fleurs blanches.

LES CLÉS DE LA RÉUSSITE

Température : Pas moins de 7°C en hiver. Les géraniums des horticulteurs tolèrent un climat un peu plus frais, mais risquent de perdre de leur vigueur.

Humidité : Tolèrent un air sec.

Exposition : Pleine lumière. Tolèrent le soleil direct.

Arrosage et fertilisation : Arroser modérément et bien nourrir régulièrement du printemps à l'automne. Peu exigeants, les pélargoniums supportent une certaine sécheresse du sol pendant un certain temps, mais en été, par grosses chaleurs, les variétés royales doivent être arrosées plus généreusement que les autres.

Soins : Les plantes de jardin passeront volontiers un hiver paresseux dans un jardin d'hiver. Les espèces d'intérieur resteront très décoratives après la floraison si elles bénéficient de suffisamment de lumière et de chaleur (environ 15°C). Au besoin, rempoter au printemps. Supprimer régulièrement les fleurs fanées et retailler au printemps (en automne pour les pélargoniums royaux). Pincer les pousses terminales des jeunes sujets pour stimuler une croissance buissonnante.

Multiplication : Boutures et, pour certaines variétés, semis.

Pellaea

Ces fougères à feuillage caduc, persistant ou semi-persistant provenant des régions arides d'Amérique du Sud, d'Afrique du Sud et de Nouvelle-Zélande, sont certainement, parmi les plus adaptées à l'atmosphère trop souvent sèche de nos salons.

Pellaea rotundifolia
(Fougère bouton)
Les longue frondes ploient sous leurs folioles arrondies et coriaces, disposées de part et d'autre d'une tige rigide. Les feuilles s'allongent légèrement avec le temps. Le feuillage bas s'étale presque à l'horizontale.

Pellaea viridis
Plus proche par son aspect des fougères classiques, l'espèce érige de larges frondes plumeuses dessinant une arche gracieuse.

LES CLÉS DE LA RÉUSSITE
Température : 13 à 16°C en hiver.
Humidité : Vaporiser les feuilles de temps à autre. Bien qu'elles tolèrent plus facilement la sécheresse de l'air, les plantes se développent mieux dans un milieu relativement humide.
Exposition : Pleine lumière, à l'abri du soleil direct.
Arrosage et fertilisation : Arroser modérément en toutes saisons. Ne jamais laisser la motte se dessécher et éviter de la détremper. Apports d'engrais dilué en été.
Soins : Au besoin, rempoter dans un demi-pot ou un panier suspendu. Dans leur habitat naturel, ces fougères se nichent souvent parmi les rochers.
Multiplication : Division ou semis des spores.

A DROITE : Pellea rotundifolia.
CI-DESSOUS : Pellea viridis.

Pellionia

Le genre regroupe quelques plantes rampantes au feuillage persistant. On trouve la plante en Asie tropicale et orientale et dans le Pacifique. Certaines espèces trouvent un milieu idéal dans un grand terrarium ou un jardin en bouteille, mais elles se plaisent, tout autant, dans un panier suspendu.

Pellionia daveauana
Les feuilles ovales de cette plante rampante sont bordées de vert olive et centrées d'une auréole plus claire. Son véritable nom botanique est *P. repens*.

Pellionia pulchra
L'espèce porte des feuilles allongées de 4 à 8 cm, mouchetées et nervurées de brun foncé sur fond vert olive. Le revers est légèrement violacé.

LES CLÉS DE LA RÉUSSITE
Température : Pas moins de 13°C en hiver.
Humidité : Assurer une bonne humidité ambiante. Vaporiser régulièrement les feuilles.
Exposition : Mi-ombre ou pleine lumière, à l'abri du soleil direct.
Arrosage et fertilisation : Arroser à volonté du printemps à l'automne, modérément en hiver, sans jamais laisser la motte se dessécher. Apports d'engrais réguliers en été.
Soins : Pour établir un microclimat suffisamment humide, installez la plante sur un lit de galets inondés, sans plonger la base du pot dans l'eau.
Multiplication : Boutures, division.

CI-DESSUS : Pentas lanceolata.

CI-DESSOUS : Pellionia daveauana.

Pentas

Le genre compte une trentaine d'arbustes et d'annuelles à feuillage persistant, originaires du Moyen-Orient et d'Afrique tropicale.

Pentas lanceolata
Également commercialisée sous le nom de *P. carnea*, cette fleur porte, en toutes saisons et surtout en hiver, de gros bouquets de 7 à 10 cm de diamètre, couverts de fleurs étoilées roses ou rouges, et parfois mauves ou blanches. Ses feuilles ovales, de 5 à 7 cm de long, sont habillées de duvet.

LES CLÉS DE LA RÉUSSITE
Température : Pas moins de 10°C en hiver.
Humidité : Vaporiser de temps à autre.
Exposition : Pleine lumière, avec un peu de soleil direct de préférence, sauf aux heures les plus chaudes de l'été.
Arrosage et fertilisation : Arroser à volonté du printemps à l'automne, modérément en hiver. Mais il ne faut jamais laisser la motte se dessécher. Apports d'engrais réguliers en été.
Soins : Pincer les extrémités des tiges très régulièrement pour discipliner et modeler la croissance et la forme du buisson. Afin de bien préparer une belle floraison hivernale, pincer les premiers bourgeons dès le début de l'automne. Rempoter chaque année, au printemps.
Multiplication : Boutures ou semis.

Peperomia

Avec près d'un millier d'espèces, originaires d'Amérique tropicale et subtropicale, le genre décline des plantes épiphytes ou terrestres, des annuelles et des plantes vivaces. La plupart sont des plantes basses, au port rampant ou pendant, aux tiges et aux feuilles épaisses. Les fleuristes et les horticulteurs proposent une très grande gamme de plantes d'intérieur, faciles à entretenir et très décoratives. Les collectionneurs apprécieront la diversité des formes, des coloris et des dimensions des feuillages et l'aspect, parfois, très singulier des plantes. Sur certaines espèces, de longs épis fleuris émergent au-dessus de la touffe de feuilles.

Peperomia argyreia
Les feuilles charnues en forme de bouclier, argentées et nervurées de vert foncé, sont portées par de pétioles rouges, formant une rosette compacte et dense. L'espèce est également répertoriée sous le nom de *P. sandersii.*

Peperomia caperata
Les feuilles en cœur (forme ovoïde), d'environ 2,5 cm de long, présentent une texture gaufrée et maculée de blanc et de vert entre les nervures nettement soulignées. Avec des inflorescences blanches. Selon les variétés, les rameaux touffus portent des feuilles de couleurs et de formes variées.

Peperomia clusiifolia
Les feuilles coriaces de près de 7,5 cm de long, sont légèrement ourlées et bordées de rouge bordeaux. *P. c.* « Variegata » est marginée de bandes crème et carmin. La touffe se dresse sur 20 cm.

Peperomia fraseri
Les feuilles rondes ou en cœur entourent la tige droite de leurs folioles. Les épis fleuris blancs dégagent une odeur agréable.

Peperomia glabella
(Melon d'eau)
Les tiges rampantes sont garnies de larges feuilles ovales, brillant d'un beau vert vif.

Peperomia griseo-argentea
Également appelée *Peperomia hederaefolia* ou *Peperomia hederifolia, Peperomia pulchella.* L'espèce déploie des feuilles en cœur ou arrondies de 6 cm de long, sur de longues tiges rouges. Le bord de la feuille est légèrement onfulé. Vert pâle sur leur face inférieure, les feuilles sont creusées de profondes nervures foncées.

Peperomia hederaefolia ou ***Peperomia hederifolia*** voir *Peperomia griseo-argentea.*

Peperomia magnoliaefolia ou ***Peperomia magnoliifolia*** voir *Peperomia obtusifolia.*

Peperomia nummulariifolia voir *Peperomia rotundifolia.*

Peperomia obtusifolia
De courts pétioles portent des feuilles épaisses, charnues et raides mesurant de 5 à 10 cm de long, et 3 à 5 cm de large. Les variétés intégralement vertes sont moins courantes que les feuillages brillants et pana-

chés de jaune et de vert ou marbrés de crème. Le buisson dressé atteint les 25 cm de haut. On retrouve souvent l'espèce sous les noms de *Peperomia magnoliaefolia* ou *Peperomia magnoliifolia*, bien que les spécialistes considèrent qu'il s'agit là d'espèces radicalement différentes.

Peperomia perskiifolia

De longues tiges ramifiées, étendues sur 30 cm, portent des feuilles vert sombre teintées de rouge profond.

CI-CONTRE DE GAUCHE À DROITE : P. *hybride « Columbiana »*, P. *hybride « Rauvema », et trois variétés de* P. caperata.
CI-DESSOUS : P. pereskiifolia *(en haut à gauche),* P. obtusifolia *« USA » (en haut à droite),* P. clusiifolia *« Jeli » (en bas à gauche) et variété de* P. clusiifolia *(en bas à droite).*

Peperomia rotundifolia

Cette espèce sarmenteuse, également appelée *Peperomia nummulariifolia*, porte des feuilles rondes succulentes d'un vert brillant, d'environ 1 cm de diamètre, arrondies, le dessus est brun, marbré de vert foncé. Les tiges sont rampantes et très grêles.

Peperomia verticillata

Fièrement dressées sur 30 cm, les tiges rouges sont enserrées par des feuilles duveteuses composées de 4 à 6 pétioles.

LES CLÉS DE LA RÉUSSITE

Température : Pas moins de 10°C en hiver.
Humidité : Vaporiser les feuilles de temps à autre par temps chaud, mais pas en hiver.
Exposition : Mi-ombre ou pleine lumière, à l'abri du soleil direct.
Arrosage et fertilisation : Arroser modérément à l'eau douce tout au long de l'année, très peu en hiver. Apports d'engrais du printemps à l'automne.
Soins : Le système des racines, généralement très court, rend les rempotages superflus. Au besoin, replanter dans un pot à peine plus grand, dans un mélange à base de tourbe de préférence.
Multiplication : Boutures de feuilles pour les espèces formant des rosettes de feuilles charnues. Boutures de tête ou boutures d'œil à faire enraciner au printemps, pour les espèces qui donnent de longues pousses.

Philodendron

Les quelque 350 espèces du genre regroupent des arbustes à feuillage persistant et des plantes grimpantes ligneuses, originaires des forêts tropicales d'Amérique du Sud et d'Amérique centrale.

Philodendron angustisectum
Cette vigoureuse et très robuste plante grimpante déploie de larges feuilles en cœur de 45 à 60 cm de long, profondément découpées en fines folioles qui semblent naître de la nervure médiane. La plante, plus connue sous son nom de *Philodendron elegans*, peut très rapidement atteindre plus de 2 m de hauteur.

Philodendron bipennifolium voir *Philodendron panduriforme.*

Philodendron bipinnatifidum
Cette espèce non grimpante porte sur ses tiges droites et épaisses de nombreuses feuilles coriaces de 45 à 60 cm de long, en forme de cœur, dessinant des lobes allongés. La plante peut étendre ses rameaux sur plus de 1,8 mètre et même dépasser 1,2 mètre de haut.

Philodendron domesticum
(Philodendron oreille d'éléphant)
Sur cette espèce grimpante, les feuilles brillantes, d'un beau vert vif se déploient sur 30 à 45 cm de long. Le limbe sagitté des jeunes feuilles se découpe progressivement en lobes. La plante, parfois répertoriée sous le nom de *Philodendron hastatum*, atteint aisément le plafond.

Philodendron elegans voir *Philodendron angustisectum.*

Philodendron erubescens
(Philodendron à feuilles rouges)
Les jeunes feuilles sont enserrées dans une gaine rosée qui tombe lorsque le feuillage s'ouvre. Lancéolées ou en cœur, les limbes vert sombre bordés de rouge sont moirés de reflets violets. Certains cultivars présentent un feuillage plus marqué de vert ou de rouge. Accrochée à un support, la plante grimpera jusqu'au plafond.

Philodendron hastatum voir *Philodendron domesticum.*

***Philodendron* hybrides**
Généralement vendues sous leur nom de cultivar, comme « Blue Mink », « Burgundy » ou « Pink Prince », ces plantes grimpantes offrent un feuillage très décoratif et s'entretiennent de la même façon que les autres espèces grimpantes du genre.

Philodendron melanochrysum
Les feuilles en cœur de 60 cm de long sont veinées de blanc et chamarrées de reflets cuivrés. Cette plante grimpante à croissance assez lente dépasse souvent les 2 m de haut. Avec le temps, les feuilles ont tendance à s'allonger.

Philodendron panduriforme
Les feuilles coriaces de 23 à 30 cm de long, prennent progressivement une forme de violon, avec deux lobes bien formés à la base. Cette plante grimpante est aussi appelée *Philodendron bipennifolium.*

Philodendron pertusum voir *Monstera deliciosa.*

Philodendron scandens
(Philodendron grimpant)
Rampante ou grimpante, cette espèce à croissance rapide déployant des feuilles brillantes en forme de cœur sur 7 à 13 cm, peut aussi bien être palissée à un support qu'installée dans une suspension.

Philodendron selloum
Cette espèce dressée porte de très longues feuilles de 60 à 90 cm, aux bordures dentelées et profondément découpées. Elle peut atteindre 1,5 m.

LES CLÉS DE LA RÉUSSITE

Température : Pas moins de 13°C en hiver, mais plusieurs espèces, telle *Philodendron melanochrysum*, préfèrent un emplacement un peu plus chaud. Prévoir un minimum de 18°C.

Humidité : Vaporiser régulièrement les feuilles.

Exposition : Pleine lumière, à l'abri du soleil direct. *P. scandens* tolère une faible luminosité.

Arrosage et fertilisation : Arroser à volonté à l'eau douce et nourrir du printemps à l'automne, modérément en hiver. Éviter les engrais riches en azote afin de limiter la croissance de la plante.

Soins : Palisser les espèces rampantes sur une colonne de mousse. Les racines aériennes qui se forment à la base peuvent être circonscrites dans le pot.

Multiplication : Boutures et marcottage aérien. Les tiges peuvent s'enraciner assez rapidement. Il faut les couper sous un œil dormant et les placer sous châssis.

CI-DESSUS : Philodendron scandens.
CI-CONTRE EN HAUT : Philodendron *hybride « Red Emeralda ».*
CI-CONTRE AU CENTRE : Philodendron *hybride « Blue Mink ».*
CI-CONTRE EN BAS : Philodendron domesticum.
Ci-contre à droite : Philodendron *hybride « Purple Prince ».*

Phoenix

Les 17 palmiers qui constituent ce genre sont de véritables arbres dans leur habitat naturel, mais les jeunes sujets trouvent aisément une place de choix dans nos intérieurs. Ils sont originaires d'Afrique, des Canaries et d'Asie.

Phoenix canariensis
(Dattier des Canaries)
Les jeunes frondes plumeuses aux folioles étroites se dressent en éventail, puis retombent gracieusement avec le temps.

Phoenix dactylifera
(Palmier dattier)
Il s'agit de l'espèce qui produit les dattes. Semblables à la précédente, elle s'acclimate plus difficilement en intérieur.

Phoenix roebelenii
Ses palmes joliment inclinées dessinent une silhouette ramassée qui dépasse rarement 1,2 m de haut.

LES CLÉS DE LA RÉUSSITE
Température : Pas moins de 7°C en hiver. 16°C minimum pour *P. roebelenii.*
Humidité : Tolère une atmosphère sèche.
Exposition : Pleine lumière, avec un peu de soleil direct de préférence.
Arrosage et fertilisation : Arroser modérément et nourrir régulièrement du printemps à l'automne. Réduire les apports d'eau en hiver.
Soins : Ne rempoter que lorsque la plante est à l'étroit, en veillant à ne pas endommager les racines. Choisir un pot profond car le système des racines a tendance à s'échapper par les trous de drainage. Couper les feuilles flétries ou jaunies qui ôtent à la plante tout son cachet.
Multiplication : Semis. Division pour *Phoenix roebelenii.*

CI-DESSOUS : Phoenix canariensis.

Pilea

Le genre compte près de 600 annuelles buissonnantes ou rampantes et plantes vivaces à feuillage persistant, originaires des régions tropicales. Quelques-unes peuvent être cultivées en intérieur.

Pilea cadierei
(Plante aluminium)
Les feuilles vert vif, ovales ou elliptiques terminées en pointe, de 7 à 10 cm de long sur 5 cm de large, marbrées d'argent, semblent se gonfler sous leurs élégantes panachures de trois bandes vert foncé.

***Pilea* hybrides**
L'espèce décline une vaste gamme de variétés aux panachures les plus étranges et aux coloris les plus divers, qui sont assez rarement désignées par leur nom botanique complet. Issus de multiples croisements, ces hybrides sont très difficiles à classer, mais tous exigent les mêmes soins.

Pilea involucrata
De courtes tiges brun pourpre, formant un buisson de 15 à 23 cm de haut, portent des paires symétriques de feuilles ovales et moelleuses de 5 à 7 cm de long, au relief marqué. L'espèce mère présente un feuillage vert sombre moiré de reflets cuivrés et bordé de vert. *P. i.* « Moon Valley » présente des feuilles rugueuses, cuivrées sur la face supérieure et brun rougeâtre sur le revers. Les feuilles de *P. i.* « Norfolk », rayée de bandes argentées, vertes à l'ombre, virent au doré à la lumière. On la considère parfois comme une variété de *P. spruceana.*

Pilea microphylla
(Plante feu d'artifice)
Les tiges ramifiées garnies d'une multitude de feuilles vert pâle de 2 à 6 mm de long, forment un buisson arqué et touffu de 15 cm de long, rappelant un peu les frondes de la fougère. L'espèce est parfois répertoriée sous le nom de *P. mucosa.*

Pilea nummulariifolia
Les tiges rampantes, formant un buisson retombant de 5 cm de haut, portent des feuilles rondes charnues de 1 cm de diamètre, rugueuses sur la face supérieure et rougeâtres sur le revers.

Pilea spruceana
L'espèce présente de feuilles ovales et ridées

CI-DESSUS : Pilea microphylla.
CI-CONTRE AU CENTRE : Pilea spruceana « *Bronze* » *(à gauche) et* Pilea repens *(à droite).*
CI-CONTRE EN BAS : Pilea cadierei.

de 5 à 7 cm de long, gaufrées entre les nervures. Ses variétés, comme *Pilea spruceana* « Bronze », sont plus répandues. « Norfolk », avec ses deux bandes blanches près des nervures, est souvent assimilée à cette espèce, mais les spécialistes préfèrent la rattacher à *Pilea involucrata.*

LES CLÉS DE LA RÉUSSITE

Température : Pas moins de 10°C en hiver.

Humidité : Vaporiser régulièrement les feuilles

Exposition : Ombre partielle ou pleine lumière, à l'abri du soleil direct. Les plantes conservent leurs beaux feuillages si elles bénéficient d'une exposition claire.

Arrosage et fertilisation : Arroser à volonté pendant la période de forte croissance. Apports d'engrais réguliers du printemps à l'automne.

Soins : Pincer les pousses terminales des jeunes sujets tous les deux mois environ pour stimuler une croissance ramifiée. Rempoter au printemps.

Multiplication : Boutures.

Pinguicula

Ces plantes insectivores, dont il existe une cinquantaine d'espèces différentes, sécrètent un liquide collant pour attirer et piéger leurs proies.

Pinguicula grandiflora

Les larges feuilles plates de 7 à 10 cm de long, aux bordures assez légèrement retroussées, poussent et s'étalent au ras du sol. Des tiges fines dressées sur un hauteur de 10 cm, au-dessus de la rosette, portent des fleurs roses.

CI-DESSOUS : Pinguicula moranensis.

Pinguicula moranensis

Les feuilles rondes ou ovales de 15 cm de long forment une rosette basse dominée par des fleurs rouge vif, bordeaux ou roses à gorge blanche.

LES CLÉS DE LA RÉUSSITE

Température : Il ne lui faut pas moins de 7°C en hiver.

Humidité : Assurer une humidité ambiante moyenne. Quelques vaporisations de temps à autre. Laisser la base du pot tremper dans une soucoupe d'eau.

Exposition : Pleine lumière, à l'abri du soleil direct.

Arrosage et fertilisation : Arroser à volonté tout au long de l'année. Habituées à vivre les pieds dans l'eau, ces plantes dépérissent rapidement dès que les racines se dessèchent. Remplir en permanence la soucoupe, de sorte que la motte soit toujours bien humidifiée.

Soins : Les feuilles âgées se fanent régulièrement, aussitôt remplacées par de nouveaux limbes. Fiez-vous à l'aspect de ces jeunes feuilles pour évaluer la santé de la plante.

Multiplication : Division. boutures de feuilles (étendre les boutures sur une mousse de sphaigne finement hachée). Semis.

Platycerium

CI-DESSOUS : Platycerium bifurcatum.

Ce petit groupe de fougères épiphytes, qui poussent sur les hautes branches des arbres des forêts vierges tropicales, d'Afrique, d'Amérique du Sud, d'Asie et d'Australie, peuvent être cultivées sur une applique d'écorce ou dans une suspension.

Platycerium bifurcatum
(Corne d'élan, corne de cerf)
Également appelée *P. elicorne*, cette fougère déploie des frondes larges, découpées comme les bois du cerf, et recouvertes d'une fine pruine blanche et feutrée. A la base, de petites frondes stériles en forme de bouclier se resserrent sur leur support.

LES CLÉS DE LA RÉUSSITE
Température : Pas moins de 10°C en hiver.
Humidité : Vaporiser les feuilles de temps en temps et plus fréquemment par temps chaud. L'espèce est moins sensible à la sécheresse que les autres fougères.
Exposition : Pleine lumière, à l'abri du soleil direct.
Arrosage et fertilisation : Arroser à volonté du printemps à l'automne, modérément en hiver, à l'eau douce de préférence. Apports d'engrais dilué pendant la période de forte croissance. Si la plante est accrochée à une écorce, il suffit d'immerger l'applique dans un seau d'eau et de laisser égoutter avant de la remettre en place.
Soins : Si elle peut être installée en suspension dans un jardin d'hiver, en intérieur, cette fougère gagne à être présentée sur une plaque d'écorce ou de liège en spécimen isolé. Enrobez les racines de mousse de sphaigne humide et fixez-les au support à l'aide de fil plastifié. Suspendez la plaque en hauteur par une corde ou une chaîne.
Multiplication : Repiquage des rejets. Semis des spores.

Plectranthus

La plupart de ces annuelles à feuillage persistant, rampantes ou buissonnantes, présentent de jolis motifs colorés.

Plectranthus coleoides
(Chandelier, Germaine)
Cette plante rampante étend ses feuilles vertes à bords festonnés de 5 cm de long. En intérieur, on cultive essentiellement ses variétés panachées, telle la « Marginatus », bordée d'une marge blanche. L'espèce a été rebaptisée *P. forsteri.*

Plectranthus forsteri voir *Plectranthus coleoides.*

Plectranthus fructicosus
Des tiges épaisses et rosées garnies des feuilles légèrement dentelées en cœur ou ovales, retombent sur environ 90 cm. En hiver, de petits épis de fleurs bleu pâle émergent parfois du feuillage.

Plectranthus oertendahlii
(Lierre suédois)
Les feuilles rondes ou ovales, de 2,5 cm de diamètre, vert bronze et couvertes de poils fins, portent des nervures blanches proéminentes et ont la face inférieure rose pourpré.

LES CLÉS DE LA RÉUSSITE
Température : Pas moins de 10°C en hiver.
Humidité : Vaporiser de temps en temps.
Exposition : Mi-ombre ou pleine lumière, à l'abri du soleil direct.
Arrosage et fertilisation : Arroser à volonté et nourrir du printemps à l'automne. Réduire les apports d'eau en hiver.
Soins : Pincer les extrémités des espèces rampantes pour favoriser le développement des ramifications.
Multiplication : Boutures.

CI-DESSOUS : Plectranthus coleoides « *Marginatus* ».

CI-DESSUS : Polypodium aureum.

Polypodium

Le genre compte de nombreuses fougères basses aux frondes caduques, semi-persistantes ou persistantes, parmi lesquelles une espèce a acquis ses lettres de noblesse dans nos intérieurs.

Polypodium aureum
(Polypode doré, fougère patte de lièvre)
Des rhizomes couverts d'écailles duveteuses brun orangé rampent en surface du mélange. Les tiges arquées portent des frondes bleu-vert argenté très découpées pouvant atteindre 60 cm de long. L'espèce est également appelée *Phlebodium aureum.*

LES CLÉS DE LA RÉUSSITE
Température : Pas moins de 16°C en hiver.
Humidité : Vaporiser les feuilles de temps en temps. L'espèce est moins sensible à la sécheresse que les autres fougères.
Exposition : Pleine lumière, à l'abri du soleil direct.
Arrosage et fertilisation : Arroser modérément à l'eau douce et nourrir régulièrement du printemps à l'automne. Réduire les apports d'eau en hiver.
Soins : Rempoter à chaque printemps.
Multiplication : Division des rhizomes. Semis des spores.

Polyscias

Certains de ces 70 arbres et arbustes à feuillage persistant se prêtent à la culture en intérieur, mais sont relativement difficiles à entretenir. Ils viennent de Madagascar, d'Asie tropicale et des îles du Pacifique.

Polyscias balfouriana
Les feuilles sont divisées en trois folioles presque rondes, vert sombre tacheté de gris ou de vert pâle, de plus de 7 à 10 cm de diamètre, portées par un pétiole de 15 cm. Le feuillage de *Polyscias balfouriana* « Pennockii » est veiné de blanc, celui de « Marginata » est bordé d'une petite marge blanche. La plante, rebaptisée *Polyscias scuttellaria* « Balfourii », forme un arbuste aux branches tordues.

Polyscias fructicosa
(Bois d'éponge)
Les rameaux dressés sur des tiges ligneuses portent des feuilles composées, divisées en trois folioles de 15 cm de long, dont les bords dentelées confèrent au buisson un aspect léger et plumeux.

LES CLÉS DE LA RÉUSSITE
Température : 13 à 16°C en hiver.
Humidité : Vaporiser régulièrement les feuilles et établir un microclimat aussi humide que possible.
Exposition : Pleine lumière, à l'abri du soleil direct.
Arrosage et fertilisation : Arroser à volonté à l'eau douce du printemps à l'automne, modérément en hiver. Apports d'engrais réguliers en été.
Soins : Rempoter en terre de bruyère.
Multiplication : Boutures. On prélève des extrémités de tiges, au printemps et on les place sous châssis sur une chaleur de fond.

Ci-dessous : Polyscias balfouriana.

Polystichum

Ces fougères aux frondes caduques, semi-persistantes ou persistantes originaires des quatre coins du monde. Nombre d'espèces sont rustiques, mais celles que nous présentons ci-dessous ne supportent que modérément le gel.

Polystichum falcatum
(Fougère houx)
Les frondes robustes et brillantes, dressées sur 30 à 60 cm, portent des grandes folioles coriaces. La variété « Rochfordianum », plus fournie, présente des feuilles dentelés rappelant le houx. Certains botanistes classent cette plante dans un autre genre et lui préfèrent le nom de *Cyrtominum falcatum.*

Polystichum tsus-simense
Les gracieuses frondes plates et arquées déploient des pétioles finement dentelées. La plante peut atteindre 30 cm de haut.

LES CLÉS DE LA RÉUSSITE
Température : Pas moins de 5°C en hiver, mais supporte de brefs séjours sous des températures un peu plus fraîches.
Humidité : Vaporiser régulièrement les feuilles, bien que ces plantes ne soient pas aussi exigeantes que les autres fougères.
Exposition : Mi-ombre ou pleine lumière sans soleil direct.
Arrosage et fertilisation : Arroser à volonté à l'eau douce du printemps à l'automne, modérément en hiver. Apports d'engrais réguliers en été.

CI-DESSUS : Polystichium falcatum *(syn.* Cyrtomium falcatum*) « Rochfordianum ».*

Soins : Supprimer les frondes fanées ou abîmées qui nuisent à la beauté de la plante.
Multiplication : Division. Semis des spores.

Primula

Il existe près de 400 espèces de primevères, annuelles, bisannuelles, ou vivaces, généralement assez rustiques pour décorer les massifs. Celles que nous présentons ci-après sont les plus couramment cultivées en pot.

Primula acaulis voir Primula vulgaris

Primula malacoides
Des hampes florales bien dégagées, de 30 à 45 cm de hauteur, émergent au-dessus d'un lit de feuilles ovales et festonnées, portant sur cinq ou six étages des belles petites fleurs étoilées de 1 cm de diamètre environ. Elles apparaissent en hiver et déploient autour d'un cœur jaune des pétales roses, violets, lilas, rouges ou blancs.

Primula obconica
(Primevère de Chine)
En hiver et au printemps, les tiges de 23 à 30 cm se parent de gros bouquets ronds de 2,5 à 4 cm de diamètre, composés de fleurons roses ou bleutés. Les feuilles vert pâle, couvertes d'un fin duvet, peuvent provoquer des allergies. Toutefois, il est bon de noter que peu de gens y sont sujets.

Primula vulgaris hybrides
La primevère commune, abritant des fleurs jaunes parmi une rosette de feuillage, n'étant pas adaptée à la culture en pot, on lui préfère ses hybrides dont les hautes tiges portent de grandes fleurs ornées d'un œil sombre, dégradant une vaste gamme de jaunes, roses, rouges et bleus. Bien qu'éphémères, ces

A DROITE : Primula obconica.

ravissantes plantes à fleurs apportent en hiver et au printemps une belle note de couleur dans la maison.

LES CLÉS DE LA RÉUSSITE

Température : Pas moins de 13°C en hiver. Éviter les pièces trop chaudes pendant la floraison.

Humidité : Vaporiser les feuilles de temps en temps, particulièrement si l'air est sec.

Exposition : Pleine lumière, un peu de soleil direct, sauf aux heures les plus chaudes de l'été.

Arrosage et fertilisation : Arroser à volonté à l'eau douce du printemps à l'automne (eau de pluie de préférence), très peu en hiver. Apports d'engrais dilué réguliers pendant la période de floraison.

Soins : Acheter les hybrides *Primula vulgaris* en fleurs ou les semer sous serre, puis les rentrer dès que les premiers boutons s'ouvrent. Après la floraison, la plante peut être jetée ou replantée en pleine terre. *Primula obonica* est, en revanche, une plante vivace qui pousse parfaitement au jardin et qui repartira chaque année. Installée au frais et en lumière tamisée, elle sera à peine arrosée en été, pendant sa période de repos. A l'automne, reprendre les arrosages.

Multiplication : Semis.

Pteris

Il existe près de 280 fougères de ce genre, aux frondes caduques, semi-persistantes ou persistantes, originaires des régions tropicales et subtropicales. On en trouve également quelques-unes dans les régions tempérées. Ce sont des plantes terrestres qui poussent à l'ombre des forêts.

Pteris cretica

(Fougère rubanée)

Les tiges arquées émettent sur environ 30 cm de haut des touffes de frondes vertes, de 20 cm de large, palmées en étroites folioles très dentelées. Parmi ses nombreuses variétés, plus prisées que l'espèce mère, « Albolineata » présente une rayure centrale claire sur chaque foliole, et « Alexandræ » offre un feuillage panaché, formé de pétioles découpés et frangés.

Pteris ensiformis

Elle se distingue de l'espèce précédente par sa hauteur, moins grande, soit environ 15 cm et par une feuillage beaucoup plus sombre, et elle décline des variétés panachées, telles que « Evergemiensis » dont les folioles sont rayées de larges bandes blanches sur toute la longueur, et « Victoriæ », aux panachures blanches moins marquées et moins larges.

LES CLÉS DE LA RÉUSSITE

Température : Pas moins de 13°C en hiver pour les espèces vertes, et 16°C minimum pour les variétés panachées.

Humidité : Vaporiser régulièrement les feuilles.

Exposition : Pleine lumière, à l'abri des rayons du soleil. Les variétés vertes supportent beaucoup mieux que les panachées, les emplacements ombragés et une atmosphère fraîche.

Arrosage et fertilisation : Arroser à volonté à l'eau douce et apporter régulièrement un engrais dilué du printemps à l'automne. L'été, la motte ne doit jamais se dessécher. Elle doit être constamment humide. Réduire les arrosages en hiver.

Soins : Veiller à ne jamais laisser la motte se dessécher.

Multiplication : Division. Semis des spores.

CI-DESSUS : Pteris ensiformis *« Evergemiensis »*.

CI-DESSOUS : Pteris cretica *« Albolineata »*.

Radermachera

Originaires d'Asie du Sud-Est, ce genre regroupe quelques arbustes vigoureux au feuillage persistant, dont vous ne trouverez qu'une espèce sur le marché.

Radermachera sinica
Les rameaux assez légèrement courbés sont bordés de deux rangées tout à fait symétriques de folioles pointues, d'environ 2,5 cm de long. La plante, parfois répertoriée sous le nom de *Stereospermum suavolens*, forme un petit buisson d'une soixantaine de cm de haut.

LES CLÉS DE LA RÉUSSITE
Température : Pas moins de 13°C en hiver.
Humidité : Aucune exigence particulière.
Exposition : Pleine lumière, à l'abri du soleil de midi, en été.
Arrosage et fertilisation : Arroser à volonté du printemps à l'automne, beaucoup plus modérément en hiver.
Soins : Pincer les extrémités des jeunes sujets afin d'encourager une belle croissance ramifiée.
Multiplication : Boutures.

A DROITE : Raermachera sinica.

Rebutia

Le genre décline une quarantaine d'espèces de petits cactus, originaires des régions montagneuses de Bolivie et du nord de l'Argentine.

Rebutia minuscula
La tige sphérique, de 5 cm de diamètre, est un peu aplatie au sommet et couverte de courtes épines blanches ou jaunâtres. Au printemps et au début de l'été, elle est couronnée de fleurs rouge orangé en entonnoir, de 2,5 cm de long. la variété *grandiflora* présente des fleurs encore plus grandes.

A DROITE : Rebutia senilis *(à gauche) et* Rebutia minuscula *(à droite).*
PAGE CI-CONTRE EN BAS : Rebutia pygmaea.

Rebutia pygmaea
Des touffes de tiges ovales ou oblongues striées de côtes saillantes épineuses, se dressent sur 2,5 cm de haut et peuvent atteindre avec l'âge les 10 cm. Vers la fin du printemps ou au début de l'été, des fleurs violettes, roses ou rouges de 2,5 cm de longueur émergent.

Rebutia senilis
Le globe aplati sur le sommet est hérissé d'un réseau serré d'aiguillons blancs. Au printemps et à l'été, il se pare de fleurs rouge vif en trompette, de plus de 2,5 cm de long. Certaines variétés présentent des fleurs jaunes, mauves ou orange.

LES CLÉS DE LA RÉUSSITE
Température : Pas moins de 5°C en hiver.
Humidité : Tolère un air sec mais préfère une atmosphère humide au printemps et en été.
Exposition : Pleine lumière, un peu de soleil direct de préférence.
Arrosage et fertilisation : Arroser à volonté du printemps à l'automne, pratiquement pas en hiver. En été, apporter quelques rations d'engrais dilué dans de l'eau de pluie ou quelques engrais spécial pour cactées.
Soins : Au besoin, rempoter au printemps dans un mélange spécial pour cactées.
Multiplication : Bouture des rejets. Semis.

CI-DESSUS : Rhipaslidopsis gaertneri *(syn.* Schlumbergera gaertneri*)*.

Rhipsalidopsis

Ces cactus épiphytes nous viennent des forêts tropicales du sud du Brésil où ils poussent sur les arbres.

Rhipsalidopsis gaertneri
(Cactus de Pâques)
Les longues tiges aplaties au port retombant, divisées en segments, portent des grappes de fleurs écarlates en clochettes avec de longues étamines rouges et pointues qui, au printemps, déploient leur corolle en étoile. Également appelée *Schlumbergera gaertneri*, les botanistes ont rebaptisé l'espèce *Hatiora gaertneri*.

LES CLÉS DE LA RÉUSSITE
Température : Variant entre 10 et 15°C en hiver. Mais pas inférieure à 10°C.
Humidité : On peut vaporiser les feuilles de temps à autre.
Exposition : Pleine lumière, à l'abri du soleil d'été.
Arrosage et fertilisation : Arroser à volonté pendant la période de forte croissance. En hiver, humidifiez à peine la motte pour éviter que les tiges ne flétrissent. Quelques apports d'engrais dilué au printemps et en été pourront être les bien venus.
Soins : Il est très important de laisser la plante au frais pendant la période de repos, en évitant surtout les pièces surchauffées en hiver. Ne pas la déplacer après formation des bourgeons. Après la floraison, pendant l'été, l'installer dans un endroit assez ombragé dans le jardin.
Multiplication : Boutures. Semis.

Rhododendron

Parmi les nombreuses espèces arbustives du genre, on trouve aussi bien de petites plantes alpines que d'immenses arbres fleuris. Rustiques pour la plupart, elles ornent volontiers les massifs, mais seules deux espèces sont adaptées à la culture d'intérieur : ce sont les très célèbres azalées. Les espèces, acclimatées pour la culture en appartement sont originaires d'Asie : de Chine et du Japon.

Rhododendron* x *obtusum
(Azalée japonaise)
Cet arbuste à feuillage semi-persistant forme une masse touffue de feuilles brillantes de 2,5 à 4 cm de long. Vers la fin de l'hiver et au printemps il se couvre d'une profusion de grappes de 2 à 5 fleurs évasées, simples ou doubles, formant d'incomparables bouquets colorés. En pot, la plante atteint 30 à 40 cm de haut.

Rhododendron simsii
(Azalée d'Inde)
Les feuilles coriaces et persistantes de 4 à 5 cm de long, couvertes de poils rugueux, accueillent en hiver et au printemps une multitude de fleurs simples ou doubles, déployant sur 4 à 5 cm leurs délicats pétales rouges, roses ou blancs. En intérieur, le buisson se dresse sur 30 à 45 cm.

LES CLÉS DE LA RÉUSSITE
Température : 10 à 16°C en hiver.
Humidité : Vaporiser régulièrement les feuilles.
Exposition : Pleine lumière, à l'abri des rayons du soleil.
Arrosage et fertilisation : Arroser à volonté à l'eau douce en toutes saisons. Apports d'engrais réguliers en été.
Soins : Arroser très minutieusement le mélange à base de tourbe qui entoure les racines, car une fois desséché, il est très difficile à réhumidifier. Rempoter en terre de bruyère un ou deux mois après la floraison. Lorsque le gel ne menace plus, installer les pots dans un endroit plutôt ombragé du jardin, en les enfouissant en terre pour maintenir l'humidité et sans négliger l'arrosage et la fertilisation. Les variétés de *Rhododendron* x *obtusum* peuvent être replantées en pleine terre dans les régions tempérées. Celles de *Rhododendron simsii* doivent être rentrées dès le début de l'automne, et avant la baisse des températures.
Multiplication : Boutures.

CI-DESSOUS : Rhododendron x Obtusum.
EN BAS : Rhododendron simsii.

CI-DESSUS : Saxifraga stolonifera.

parfois commercialisée sous son ancien nom de *Saxifraga sarmentosa*.

LES CLÉS DE LA RÉUSSITE

Température : Pas moins de 7°C en hiver.

Humidité : Bassiner les feuilles de temps en temps.

Exposition : Bonne lumière indirecte.

Arrosage et fertilisation : Du printemps à l'automne, arrosages copieux, et plus modérés en hiver. Apports d'engrais en été.

Soins : Dans les régions tempérées, cette espèce rustique passera l'hiver au jardin. La « Tricolor » préfère la chaleur des intérieurs. Recoupez les stolons dégarnis ou trop longs.

Multiplication : Repiquage des plantules (marcottage par couchage).

Schefflera

Le genre regroupe beaucoup d'espèces d'arbustes ou d'arbres, quelques-uns occuperont une place de choix dans votre intérieur.

Schefflera actinophylla

(Arbre ombrelle, arbre pieuvre)

Espèce la plus connue et enfant chéri des décorateurs, cet arbuste d'appartement au port buissonnant peut aisément atteindre le plafond. Ses feuilles plates et digitées sont composées, selon l'âge du sujet, de 5 à 16 grandes folioles brillantes de 10 à 20 cm de long.

Schefflera arboricola

(Plante parasol)

Les tiges dressée portent de nombreuses ramifications composées de 7 à 16 folioles ovales disposées en ombrelle autour du pétiole Cette espèce et ses nombreuses variétés panachées sont également répertoriées sous le nom de *Heptapleurum arboricola.*

LES CLÉS DE LA RÉUSSITE

Température : Pas moins de 13°C minimum en hiver.

Humidité : Bassiner régulièrement les feuilles.

Exposition : Bonne lumière indirecte.

Arrosage et fertilisation : Arrosages copieux du printemps à l'automne, et beaucoup moins en hiver. Apports d'engrais réguliers en été.

Soins : Tuteurer la plante et laisser pousser les bourgeons terminaux pour lui donner un port érigé. Pour favoriser une croissance buissonnante, pincer les pousses terminales. Rempoter une fois par an, au printemps.

Multiplication : Bouturage

CI-DESSOUS : Schefflera arboricola « *Aurea* ».

Schizanthus

Ce petit groupe de plantes annuelles nous vient du Chili. On cultive surtout leurs hybrides, élaborés après de longues années de recherche par les pépiniéristes.

***Schizanthus* hybrides**
(Orchidées du pauvre)
Leurs feuilles pennées profondément divisées leur donnent l'aspect délicat d'une fougère. Pendant la floraison, elles dévoilent un bouquet généreux de petites fleurs multicolores, dont l'allure exotique n'est pas sans rappeler l'orchidée. Les plus grandes plantes peuvent atteindre près de 1,20 m sous une véranda, mais en intérieur, préférez les variétés naines, plus compactes, dont vous pourrez limiter la croissance à une trentaine de centimètres.

LES CLÉS DE LA RÉUSSITE
Température : 10 à 18°C en hiver.
Humidité : Vaporiser de temps à autre.
Exposition : Autant de lumière que possible. Ne craint pas le soleil direct.
Arrosage et fertilisation : Arrosages abondants et apports d'engrais réguliers tout au long de l'année.
Soins : Pincer au plus tôt les jeunes plants obtenus par germination des semis, afin de favoriser une croissance buissonnante, et poursuivez ce traitement si la plante semble se dégarnir ou pousser trop en hauteur. Les jeunes sujets dressés doivent être rempotés dans un grand pot. Éviter d'exposer à la chaleur. Après la floraison, la plante peut être jetée.
Multiplication : Semis.

CI-DESSUS : Schizanthus *hybride.*

Sedum

Le genre compte plus de 300 espèces, natives de toutes les régions tempérées. La grande majorité de celles que l'on acclimate en intérieur sont des plantes grasses à feuilles charnues. Elles viennent du Mexique.

Sedum bellum
Les rameaux semi-rampants, de 7 à 15 cm de haut, portent de minuscules feuilles gris-bleu qui ont davantage l'apparence de bourgeons, et s'ouvrent peu à peu pour former des spatules. Au printemps, de petites fleurs blanches étoilées apparaissent.

Sedum morganianum
(Orpin de Morgan)
Les tiges retombantes, portant de petites feuilles charnues serrées et épaisses, dessinent de jolies cascades de cordes gris-vert sur les rebords d'un panier suspendu. Des fleurs roses apparaissent parfois en été, à l'extrémité de chaque tige.

Sedum pachyphyllum
Formant une rosette dressée, les feuilles cylindriques vert pâle, pouvant atteindre 2,5 cm de long, sont recourbées et teintées

CI-DESSUS : Sedum seiboldii *« Mediovariegatum »*.
PAGE CI-CONTRE AU CENTRE : Sedum pachyphyllum.
CI-CONTRE EN BAS : Sedum x rubrotinctum.

de rouge à leur extrémité. Parfois, de petites fleurs jaunes apparaissent au printemps.

Sedum* x *rubrotinctum
(Orpin rouge)
Très proche de l'espèce précédente, ses feuilles à l'aspect de cailloux se parent d'un rouge écarlate sous les rayons du soleil.

Sedum sieboldii
(Orpin de Siebold)
Cette espèce déploie des feuilles rondes et plates, rassemblées en grappes de trois, dans des tons de bleu-vert ourlé de blanc. Celles de la variété « Mediovariegatum » portent une marbrure blanc crème en leur centre. A la fin de l'été ou à l'automne, de petites fleurs roses s'épanouissent. Les botanistes ont reclassé cette espèce, désormais appelée *Hylotelephium sieboldii*, mais vous la trouverez encore sous son ancien nom.

LES CLÉS DE LA RÉUSSITE
Température : 5°C minimum en hiver.
Humidité : Tolère un air sec.
Exposition : Beaucoup de lumière.
Arrosage et fertilisation : Arrosages réduits du printemps à l'automne et pratiquement inexistant en hiver. Verser un peu d'eau de temps en temps pour éviter le flétrissement des feuilles. Aucun apport d'engrais.
Soins : Rempoter au printemps dans un mélange spécial cactées, assurant un bon drainage de la motte.
Multiplication : Boutures de feuilles (pour les variétés à feuilles charnues comme le *S. pachyphyllum* et le *S. morganianum*). Boutures de tiges pour les autres espèces.

Selaginella

Le genre regroupe environ 700 espèces vivaces à l'aspect mousseux et originaires, pour la plupart, de forêts tropicales.

Selaginella kraussiana
(Lycopode du jardinier)
Ses tiges rampantes sont garnies d'un feuillage vert, tirant sur le jaune pour la variété « Aurea ». La plante peut atteindre 30 cm de long et ses tiges s'enracinent à intervalles dans le mélange terreux.

Selaginella lepidophylla
Souvent vendue sous la forme d'une boule de mousse sèche, cette espèce originale s'épanouit quelques heures après une bonne humidification, déployant une large rosette, et recouvre progressivement sa teinte verte.

Selaginella martensii
Ses tiges se dressent tout d'abord sur une trentaine de centimètres, avant de retomber gracieusement pour former un tapis dense de feuillage doux, émettant quelques racines aériennes. De petites feuilles vertes légères s'agglutinent en écailles tout autour de la tige. La variété panachée « Warsoniana » laisse apparaître des pointes argentées.

LES CLÉS DE LA RÉUSSITE
Température : 13°C minimum en hiver.
Humidité : Bassiner les feuilles et assurer une bonne humidité ambiante.
Exposition : Mi-ombre de préférence, à l'abri du soleil direct dans tous les cas. L'atmosphère humide et chaude des jardins en bouteille et terrariums leur convient parfaitement.
Arrosage et fertilisation : Maintenir une motte humide tout au long de l'année, et réduire les arrosages en hiver, lorsqu'il fait plus frais. En été, passer de temps à autre un engrais foliaire.
Soins : Assurer une humidité ambiante optimale. Installer la plante à l'abri des courants d'air froids et des rayons du soleil direct. Peu adaptées à l'air sec d'un salon, elles ne tiendront pas longtemps en intérieur.
Multiplication : Division. Rempoter les tiges enracinées.

CI-DESSOUS : Selaginella lepidophylla.
CI-DESSOUS À GAUCHE : Selaginella martensii.

Senecio

Le genre compte plus d'un millier d'espèces venues des quatre coins du monde, parmi lesquelles on rencontre des annuelles, des vivaces, des plantes grasses, des arbres à feuillage persistant ou caduc, des arbustes, et des plantes grimpantes. Malgré cette diversité, très peu sont cultivées en appartement.

Senecio cruentus hybrides
(Cinéraires)
En hiver et au printemps, les gros bouquets portent des fleurs de couleurs vives qui rappellent la marguerite, déclinant une gamme de rouges, de bleus, de roses, de violets et de blancs. Ses feuilles volumineuses, irrégulièrement lobées et duveteuses se perdent parfois sous la floraison abondante des sujets les plus compacts. D'une variété à l'autre, la plante peut mesurer entre 20 et 75 cm et porter des fleurs de 2 à 8 cm. En appartement, mieux vaut choisir les variétés ramassées. Plus connue sous le nom de cinéraire, l'espèce a été rebaptisée *Pericallis cruenta.*

Senecio macroglossus
(Séneçon lierre, séneçon grimpant)
Ressemblant à s'y méprendre au lierre commun, cette espèce s'en distingue par des feuilles plus lisses et charnues. Les tiges pourpres portent un feuillage vert, ourlé de blanc sur la variété « Variegatus ».

Senecio mikanioides
Très proche de l'espèce précédente, celle-ci présente des feuilles composées de cinq à sept lobes pointus. L'espèce a été à nouveau classifiée récemment et porte désormais le nom de *Delairea odorata.*

CI-DESSUS : Senecio rowleyanus.
CI-DESSOUS : Senecio macroglossus *« Variegatus ».*

Senecio rowleyanus
Les tiges filiformes chargées d'une multitude de feuilles sphériques semblables à des perles, retombent lourdement en cascade.

LES CLÉS DE LA RÉUSSITE
Température : 7°C minimum en hiver pour la plupart des espèces. Éviter d'exposer les hybrides *S. cruentus* à plus de 13°C.
Humidité : Les espèces grasses tolèrent un air sec. Bassiner de temps à autre le *S. cruentus*, le *S. macroglossus* et le *S. mikanioides.*
Exposition : Autant de lumière que possible. Le *S. cruentus* et les autres espèces, à l'exception de *S. rowleyanus* redoutent la lumière directe du soleil. Installer ces espèces particulièrement sensibles en mi-ombre en été, et en pleine lumière en hiver.
Arrosage et fertilisation : Arroser généreusement les espèces non grasses du printemps à l'automne, plus modérément en hiver. Limiter tout au long de l'année les apports en eau pour le *S. rowleyanus*, et laisser sécher le mélange de culture en hiver. Nourrir toutes les espèces pendant la période de croissance.
Soins : En fin de floraison, le *S. cruentus* meurt et ne peut être conservé.
Multiplication : Par semis, en serre plutôt qu'en appartement. L'opération étant plutôt délicate, mieux vaut l'acheter en fleur si l'on ne peut le cultiver sous serre jusqu'à la floraison.

Sinningia

Ce genre compte un petit nombre d'espèces semi-arbustives annuelles et à feuilles caduques. Les plus couramment cultivées sont connues sous le nom de gloxinia. Il s'agit en réalité des cultivars de l'espèce *S. speciosa.*

Sinningia speciosa
Ses feuilles velues, aux formes ovales ou oblongues, prennent naissance à la base du tubercule et peuvent atteindre 25 cm. Leur face inférieure est parfois rougeâtre. Pendant la floraison, de volumineuses fleurs tubulaires roses, rouges, bleues, violettes ou blanches, aux bords contrastés ou aux élégantes mouchetures, s'épanouissent.

LES CLÉS DE LA RÉUSSITE
Température : En période de croissance, 16°C minimum.
Humidité : Assurer une bonne humidité ambiante. Éviter d'asperger les feuilles ou les fleurs.
Exposition : Lumière abondante, à l'abri du soleil direct.
Arrosage et fertilisation : Dès enracinement des tubercules, arroser abondamment. Réduire les apports d'eau en fin de croissance. Apports d'engrais réguliers pendant l'été.
Soins : Après la floraison, réduire progressivement l'arrosage et cessez les apports d'engrais. Retirer les feuilles jaunies. Les tuber-

Ci-dessus : Sinningia speciosa.

cules peuvent être conservés dans un pot à l'abri du gel, à 10°C environ.
Rempoter les tubercules au printemps, à la même profondeur que dans le pot précédent et l'extrémité supérieure vers le haut.
Multiplication : Boutures de feuilles et semis.

Smithiantha

Les quelques espèces connues sont toutes originaires des forêts montagneuses humides et tropicales du Mexique et du Guatemala. Ces espèces ont servi de point de départ pour l'élaboration d'hybrides, beaucoup plus faciles à cultiver en serre chaude qu'en intérieur.

***Smithiantha* hybrides**

En automne, de petites fleurs pendantes en forme de cloches naissent sur de longues tiges. Longues de 5 cm, elles dévoilent une gorge jaune au-dessus des feuilles tachetées et veloutées, rondes ou en forme de cœurs. Selon les variétés, les feuilles peuvent atteindre 10 cm de long, et sont parfois marbrées. En général, les hybrides en fleur atteignent 30 à 40 cm.

Les clés de la réussite

Température : 13°C minimum en hiver.
Humidité : Fines pulvérisations, d'eau douce de préférence.
Exposition : Bonne lumière, à l'abri du soleil direct.
Arrosage et fertilisation : Arroser abondamment du printemps à l'automne pendant la croissance de la plante. Réduire les apports d'eau à mesure que les fleurs se fanent. En hiver, laisser sécher la motte si la croissance est arrêtée. Apports d'engrais réguliers au cours de l'été.
Soins : Réduire progressivement les arrosages après la floraison et interrompre les apports d'engrais. Laisser le rhizome dans le pot jusqu'à la fin de l'hiver, puis le rempoter pour stimuler une nouvelle croissance.
Multiplication : Division des rhizomes et boutures de feuilles.

A DROITE : Smithiantha x hybrida.

Solanum

Le genre ne regroupe pas moins de 1 400 espèces annuelles, vivaces, arbustives, semi-arbustives ou grimpantes, originaires de toutes les régions du monde. Pourtant, seules deux sont cultivées comme plantes d'intérieur, pour leurs fruits certes très décoratifs, mais également vénéneux.

Solanum capsicastrum
(Pommier d'amour)
Cette espèce semi-arbustive est souvent cultivée comme une plante annuelle. En pot, il atteindra, selon les variétés, de 30 à 60 cm. Il porte des feuilles lancéolées d'environ 5 cm de long, et de petites fleurs blanches étoilées pendant l'été. Celles-ci sont bientôt suivies de fruits en forme de petites pommes parfaitement rondes, d'un vert qui vire à l'orangé ou au vermillon pendant l'hiver.

Solanum pseudocapsicum
(Cerisier de Jérusalem, cerisier d'hiver, cerisier d'amour)
Très semblable à l'espèce précédente, il s'en distingue par ses rameaux plus souples et par ses fruits généralement plus volumineux.

LES CLÉS DE LA RÉUSSITE
Température : 10 à 16°C en hiver.
Humidité : Bassiner très régulièrement les feuilles.

CI-DESSOUS : Solanum capsicastrum.

Exposition : Autant de lumière que possible. Ne craint pas le soleil direct.
Arrosage et fertilisation : Arrosages abondants pendant toute la période de croissance. Apports d'engrais réguliers en été.
Soins : Bien que l'on préfère acheter les plantes garnies de leurs fruits, elles sont très faciles à faire germer. Les jeunes plants, au feuillage somme toute banal, se plairont davantage sous serre qu'en intérieur. Dès apparition des premiers fruits, ils pourront être rentrés. Pour les conserver après la floraison, retailler les tiges de moitié, et arroser très modérément jusqu'au rempotage du printemps suivant. Ces plantes passent volontiers l'été dans une jardinière ou à l'extérieur. Quelques pulvérisations des fleurs favorisent la pollinisation. A l'automne, rentrer la plante avant les premières fraîcheurs de fin de journée.
Multiplication : Semis et boutures.

Soleirolia

Le genre ne compte qu'une seule espèce, originaire de Corse. Rustique, elle est cependant extrêmement sensible aux hivers rigoureux, qui risquent de lui être fatals. C'est la raison pour laquelle, elle ne peut être cultivée en extérieur que dans les régions vraiment tempérées.

Soleirolia soleirolii
Cette plante rampante porte de minuscules feuilles arrondies de 4 mm de large, et tapisse rapidement toute la surface du pot d'un vert éclatant. L'espèce décline d'autres variétés argentées et dorées, aux noms les plus divers. Ainsi, la « Variegata » argentée est également commercialisée sous le nom de « Argentea » ou « Silver Queen ». La variété dorée « Aurea » s'appelle encore « Golden Queen ». Toutes forment une belle masse compacte qui ne dépasse guère les 5 cm de haut. Il n'est pas rare de trouver cette espèce sous son ancienne appellation, *Helxine soleirolii*.

LES CLÉS DE LA RÉUSSITE
Température : Bien qu'il s'agisse d'une espèce rustique, les plantes en pot ne doivent pas être exposées à moins de 7°C.

CI-DESSUS ET EN HAUT : Soleirolia soleirolii.

Humidité : Bassiner très régulièrement les feuilles.
Exposition : Bonne lumière de préférence, sans soleil direct.
Arrosage et fertilisation : Arrosage abondant tout au long de l'année. Aucun apport d'engrais ne s'impose.
Soins : Rempoter au printemps dans un petit pot, de préférence, car la plante retombe d'autant mieux qu'elle colonise très vite son espace.
Multiplication : Division.

Sparmannia

Le genre rassemble un petit groupe d'arbres et d'arbustes à feuillage persistant qui poussent en Afrique, et dont une seule espèce s'acclimate volontiers en intérieur.

Sparmannia africana
(Tilleul d'appartement, chanvre africain)
Les larges feuilles vert pâle, pouvant atteindre 25 cm de diamètre, s'inclinent élégamment sur leur tronc dressé. Au printemps, des grappes de fleurs blanches aux étamines jaunes et rouge vif s'épanouissent à l'extrémité de longues tiges. En intérieur, cette plante volumineuse finira par caresser le plafond.

LES CLÉS DE LA RÉUSSITE
Température : 7°C minimum en hiver.
Humidité : Bassiner seulement par temps très sec.
Exposition : Lumière claire, à l'abri du soleil pendant les heures les plus chaudes de l'été.
Arrosage et fertilisation : Arroser abondamment du printemps à l'automne, modérément en hiver. Apports d'engrais réguliers pendant le printemps et l'été.
Soins : Tailler les rameaux après la floraison pour conserver la compacité de la plante et stimuler une nouvelle éclosion. Pour les rempotages, rabattre les branches jusqu'à 30 cm si nécessaire. Très gourmands, les jeunes sujets auront souvent besoin de plusieurs rempotages lors des premières années de croissance. En été, installer à l'extérieur, à l'abri des rayons du soleil. Rentrer avant la tombée de la nuit. Pour encourager une croissance buissonnante, pincer les pousses terminales.
Multiplication : Bouturage

A DROITE : Sparmannia africana.

CI-DESSUS : Spathiphyllum wallisii.

Spathiphyllum

Ces plantes vivaces à feuillage persistant sont cultivées pour leurs longues spathes blanches. Elles sont originaires d'Amérique tropicale et de l'Archipel indien. D'autres espèces et hybrides ont fait leur apparition depuis peu, mais le spécimen décrit ici demeure le plus réputé.

Spathiphyllum wallisii
(Voile blanche)
Des touffes de feuilles fines et élancées prennent naissance à la base de la plante. Au printemps et parfois à l'automne, de longues hampes florales se dressent du centre de la touffe, couronnées par une large spathe d'un blanc immaculé enserrant de minuscules fleurs portées par un spadice blanc. Cette espèce peut atteindre de 30 à 45 cm de haut.

LES CLÉS DE LA RÉUSSITE
Température : 16°C minimum en hiver.
Humidité : Bassiner régulièrement les feuilles et créer un microclimat très humide.
Exposition : Pleine lumière en l'hiver, mi-ombre en été, à l'abri u soleil direct.
Arrosage et fertilisation : Arroser abondamment du printemps à l'automne, modérément en hiver. Administrer des doses régulières de fertilisant en été.
Soins : Assurer une bonne humidité ambiante, à l'abri des courants d'air froids. Rempoter une fois par an, au printemps.
Multiplication : Division.

Stapelia

Le genre rassemble une centaine de plantes grasses à croissance touffue, originaires des régions du sud et du sud-ouest de l'Afrique.

Stapelia variegata
De section quadrangulaire, ses tiges vertes et charnues se dressent à partir de la base et forment en général une touffe compacte de 10 à 15 cm de haut. Les fleurs étoilées produites en été ou à l'automne ont un diamètre de 5 à 8 cm et arborent divers coloris tachetés de jaune, mauve et marron. Récemment classifiée comme *Orbea variegata*, vous la trouverez sous son ancien nom de *Stapelia.*

LES CLÉS DE LA RÉUSSITE
Température : 10°C minimum en hiver.
Humidité : Supporte un air sec.
Exposition : Autant de lumière que possible.
Arrosage et fertilisation : Arroser abondamment du printemps à l'automne, beaucoup plus modérément en hiver. L'apport d'engrais n'est pas indispensable si la plante est régulièrement rempotée.
Soins : Rempoter chaque année au printemps, si la croissance est satisfaisante.
Multiplication : Boutures et semis.

CI-DESSOUS : Stapelia variegata.

CI-DESSUS : Stephanotis floribunda.

Stephanotis

Le genre ne comprend qu'un petit nombre de plantes grimpantes originaires des forêts des montagnes de Madagascar et de Malaisie. Souvent utilisée dans certains pays pour la confection des couronnes de mariées traditionnelles, l'espèce qui figure ici est également la plus communément cultivée.

Stephanotis floribunda
(Jasmin de Madagascar)
Élevé dans de bonnes conditions, il atteindra très rapidement jusqu'à 3 m de haut. En intérieur, il est souvent palissé sur un arceau. Sous une véranda ou un jardin d'hiver, cette liane vigoureuse et décorative s'agrippe volontiers à un treillis résistant.

LES CLÉS DE LA RÉUSSITE

Température : 13 à 16°C en hiver. Ne pas installer dans une pièce surchauffée.
Humidité : Bassiner de temps à autre.
Exposition : Autant de lumière que possible, mais il faut abriter la plante des rayons directs du soleil pendant les heures les plus chaudes de l'été.
Arrosage et fertilisation : Arroser abondamment du printemps à l'automne, modérément en hiver. Apports d'engrais réguliers en été, en limitant les doses pour les sujets les plus vigoureux.
Soins : Palisser sur un arceau ou un treillis et surveiller la silhouette en rabattant les pousses folles au printemps. Rempoter tous les deux ans, au printemps.
Multiplication : Boutures.

Strelitzia

Le genre ne compte que quelques espèces de belle taille. L'espèce présentée ici est la seule qui se cultive comme plante d'intérieur.

Strelitzia reginæ
(Oiseau de paradis)
De près de 90 cm de long avec leurs longs pétioles, les feuilles forment une jolie touffe fournie. Mais ce sont surtout ses spectaculaires fleurs bleues et orange qui attirent le regard. Engainées à leur base dans une bractée horizontale, ces fleurs conservent longtemps leur éclat. La floraison a lieu au printemps, mais elle peut également intervenir à d'autres périodes de l'année.

LES CLÉS DE LA RÉUSSITE

Température :13 à 16°C en hiver.
Humidité : Bassiner de temps à autre.
Exposition : Lumière abondante, indirecte pendant les heures les plus chaudes de l'été.
Arrosage et fertilisation : Arrosages copieux et apports d'engrais réguliers du printemps à l'automne. Arroser modérément en hiver.
Soins : Ne rempoter qu'en cas de nécessité absolue, car les racines sont extrêmement fragiles. Pour la première floraison, il faut attendre quatre à cinq ans. Armez-vous de patience si vous envisagez de les semer ou d'acquérir un jeune sujet.
Multiplication : Division et semis.

CI-DESSOUS : Strelitzia reginæ.

Streptocarpus

Le genre, originaire des régions boisées d'Afrique du Sud et de Madagascar, est surtout cultivé en intérieur sous la forme d'hybrides.

***Streptocarpus* hybrides**
(Primevères du Cap, oreilles d'éléphant)
Ces ravissantes plantes déploient de longues feuilles lancéolées (entre 20 et 30 cm), dépourvues de pétiole et au port plus ou moins horizontal, souvent légèrement retombant. A la floraison, qui s'étend normalement de la fin du printemps à la fin de l'été, de grandes fleurs en clochettes (5 cm de diamètre), déclinant divers tons de rose, rouge et bleu, s'épanouissent à l'extrémité de longues tiges. Méfiez-vous de la sève qui peut provoquer des irritations de la peau.

Streptocarpus saxorum
Il s'agit d'une plante vivace à tiges ramifiées, garnies de verticilles de petites feuilles ovales et velues. Cette espèce donne également, pendant le printemps et l'été, des fleurs en clochettes plus petites que celles des hybrides.

LES CLÉS DE LA RÉUSSITE
Température : 13°C minimum en hiver.
Humidité : Bassiner les feuilles de temps à autre en veillant à ne pas les détremper.
Exposition : Lumière vive, à l'abri des rayons du soleil d'été.
Arrosage et fertilisation : Arroser abondamment du printemps à l'automne, beaucoup plus modérément en hiver. Apports d'engrais réguliers en été.
Soins : Pendant la période de dormance, maintenir la motte légèrement humide et une température proche de la minimale conseillée. Rempoter vers le milieu du printemps.
Multiplication : Boutures de feuilles et également semis.

Stromanthe

Le genre ne regroupe qu'un petit nombre d'espèces, de la famille des *Maranta*, originaires des régions d'Amérique du Sud. Elles sont souvent associées à certaines espèces de *Ctenanthe* et de *Calathea*.

Stromanthe amabilis
Portées par des tiges grises, ses feuilles, ovales et vert pâle, à la face intérieure gris-vert, sont délicatement zébrées de part et d'autre de la nervure centrale. Classifiée à nouveau par les botanistes, cette espèce porte désormais le nom de *Ctenanthe amabilis*.

Stromanthe sanguinea
Au port érigé, cette espèce déploie de longues feuilles (environ 40 cm) vert olive, aux nervures centrales un peu plus pâles. Le revers affiche en revanche un rouge pourpre saisissant. Au printemps, de nombreux bourgeons se forment sur les tiges. Les fleurs proprement dites sont petites et blanches, et entourées de bractées écarlates.

CI-DESSUS : Stromanthe amabilis.
CI-CONTRE EN HAUT : Streptocarpus saxorum.
CI-CONTRE EN BAS : Streptocarpus *hybride.*

LES CLÉS DE LA RÉUSSITE

Température : 18°C minimum en hiver.
Humidité :Bassiner régulièrement et assurer un taux d'humidité ambiante très élevé.
Exposition : Pleine lumière, à l'abri des rayons du soleil pendant les heures les plus chaudes de l'été.
Arrosage et fertilisation : Arroser abondamment à l'eau de pluie du printemps à l'automne, modérément en hiver. Apports d'engrais réguliers, une fois tous les quinze jours en période de pleine végétation.
Soins : Difficile à cultiver en appartement, la plante se plaira davantage dans un jardin d'hiver ou sous une véranda, mais fera volontiers quelques brefs séjours en intérieur. Rempoter dans un mélange assurant un bon drainage.
Multiplication : Division.

Syngonium

Le genre regroupe une trentaine d'espèces qui nous viennent des forêts tropicales d'Amérique centrale et d'Amérique du Sud. La forme des feuilles évolue remarquablement au fil de la croissance, dessinant des lobes de plus en plus marqués.

Syngonium podophyllum
(Patte d'oie)

Les jeunes feuilles poussent en forme de flèches sur des tiges droites et développent avec le temps des lobes rayonnant de plus en plus nettement autour du pétiole. Sur les variétés panachées, les marbrures blanches et crème ressortent mieux sur les feuilles jeunes et tendent à s'estomper au fur et à mesure que les lobes s'allongent. Certaines feuilles sont entièrement jaunes ou blanches. Accrochée à un palissage, la plante peut atteindre près d'1,80 m.

LES CLÉS DE LA RÉUSSITE

Température : 16°C minimum en hiver.
Humidité : Pulvériser régulièrement.
Exposition : Pleine lumière, à l'abri du soleil direct. Tolère les emplacements ombragés.
Arrosage et fertilisation : Arrosages copieux et apports d'engrais réguliers du printemps à l'automne. Arroser modérément en hiver.
Soins : La forme sagittée des jeunes feuilles peut être maintenue en taillant les tiges grimpantes au fur et à mesure qu'elles se développent. La plante adoptera alors une silhouette buissonnante et les feuilles s'allongeront. Rempoter chaque année, au printemps.
Multiplication : Boutures et marcottage aérien.

CI-DESSOUS : Syngonium *hybride « White Butterfly ».*

Tillandsia

De la famille des broméliacées, ce genre regroupe plus de 400 espèces dont la plupart sont épiphytes. Se nourrissant des éléments nutritifs qu'elles tirent de l'air, les tillandsias font la joie des collectionneurs et séduisent les amateurs d'insolite, qui les accrochent dans les emplacements les plus inattendus. Les espèces qui se prêtent à ces fantaisies sont fixées, voire collées sur divers supports : coquillages, miroirs, écorces sauvages. Enfin, quelques espèces sont cultivées en pots pour leurs fleurs élégantes et curieuses.

Tillandsias aériens

Les feuilles écailleuses de ces plantes présentent la caractéristique de piéger l'humidité de l'air et parviennent même à tirer leurs éléments nutritifs de la poussière et autres capteurs d'humidité environnants. Si le *T. usneoides* prospère mieux dans une serre humide, la plupart des espèces répertoriées ici sont compactes et assez robustes pour être élevées en appartement.

Les écailles réfléchissent la lumière de telle manière, qu'elles moirent les plantes de tonalités grises qui leur valent leur autre nom de « tillandsias grises ». Nous présentons un échantillonnage représentatif des espèces courantes, mais les horticulteurs en proposent une gamme bien plus vaste.

Tillandsia argentea
Il est formé de rosettes de très longues feuilles filiformes, semblables à des épines, et de plus petites feuilles à sa base, formant une sorte de bulbe. En été, quelques bouquets de petites fleurs rouges percent parfois.

Tillandsia caput-medusae
Ses feuilles charnues et torses, s'élargissant à la base pour former une sorte de bulbe, se parent en été de spectaculaires fleurs rouges, enserrées dans des bractées bleues.

Tillandsia ionantha
Les fines lanières argentées disposée en une rosette lâche forment un arc gracile. Lorsque les hampes de fleurs bleues apparaissent à l'été, les feuilles intérieures virent au rouge.

Tillandsia juncea
Ses touffes de feuillage rappelant l'osier s'étirent tout autour de leur rosette, formant d'épais buissons.

Tillandsia magnusiana
Des feuilles épineuses et écailleuses jaillissent en une fontaine grise d'une base bulbeuse.

Tillandsia oaxacana
Une rosette dense de lanières en gouttière laisse surgir de petites fleurs sans grand intérêt esthétique.

Tillandsia usneoides
(Mousse espagnole)
De longues tiges filiformes retombantes portent des feuilles cylindriques d'environ 5 cm de longs. Suspendue par sa base, cette

PAGE CI-CONTRE EN HAUT COLONNE DU MILIEU : Tillandsia usneoides.
PAGE CI-CONTRE EN HAUT COLONNE DE DROITE : Tillandsia magnusiana.
PAGE CI-CONTRE AU CENTRE : *Tillandsias de gauche à droite :* T. oaxacana, T. caput-medusae, T. juncea *et* T. ionantha.
PAGE CI-CONTRE EN BAS : Tillandsia argentea.

plante déverse une cataracte impressionnante de gris chatoyants. D'insignifiantes fleurs jaune-vert fleurissent en été, perdues dans le feuillage de la plante.

Tillandsia à fleurs

Les tillandsias élevés en pots pour leurs fleurs se démarquent des espèces aériennes, leur parenté avec les broméliacées étant plus évidente. Bien que leurs racines soient peu fournies, ils seront cultivés selon les mêmes règles que les autres plantes.

Tillandsia cyanea

Disposées en rosette lâche, ses fines lanières rigides et arquées sont empourprées à la base et striées de brun dans la longueur. En été, elle produit une inflorescence plate et large, composées d'un enchâssement de bractées roses ou rouges, d'où émergent des fleurs mauve-bleu évoquant la pensée. La plante atteint environ 25 cm.

Tillandsia lindenii

Similaire à l'espèce précédente, elle s'en distingue par l'œil blanc de ses fleurs bleues.

LES CLÉS DE LA RÉUSSITE

Température : Pas moins de 13°C en hiver pour les espèces aériennes, et de 18°C pour les plantes fleuries.
Humidité : Bassiner tout particulièrement les espèces aériennes dont la survie dépend d'une bonne humidité ambiante.
Exposition : Lumière abondante, indirecte. Tolère les conditions d'éclairement médiocres.
Arrosage et fertilisation : Pulvérisations quotidiennes des espèces aériennes. Pour les espèces en pot, arrosages abondants à l'eau douce du printemps à l'automne, modéré en hiver. Vaporiser un engrais liquide très dilué sur les feuilles des tillandsias aériens pendant la période de croissance. Administrer le même traitement aux plantes fleuries, ou fertiliser le sol.
Soins : Fixer les espèces aériennes sur un arbre à broméliacées, ou tout autre support adapté. Les centres de jardinage proposent des produits adhésifs spécialement conçus pour les coller sur un miroir et autres objets décoratifs. Les autres espèces doivent être mises en pot au printemps. A mesure que la saison avance, la partie fleurie se flétrit, laissant très rapidement place à de nouvelles pousses.
Multiplication : Repiquage des rejets.

CI-DESSUS : Tillandsia cyanea.

Tolmiea

Le genre ne comporte qu'une espèce, originaire de la Côte Ouest des États-Unis. Rustique, elle se plaît autant au jardin qu'à l'intérieur.

Tolmiea menziesii
Facile à cultiver, elle forme une touffe compacte de feuilles duveteuses en forme de cœur, d'un vert brillant, d'environ 5 cm de diamètre. Du plus bel effet dans un panier suspendu, les feuilles retombent de longs pétioles. A maturité, la base du limbe se couvre de petites plantules. Fleurs vertes à brunâtres, en grappes d'une trentaine de centimètres de longueur. La variété panachée, « Taff's God » également répertoriée sous les noms de « Goldsplash », « Maculata » et « Variegata », présente un feuillage semi-persistant.

LES CLÉS DE LA RÉUSSITE
Température : En intérieur, pas moins de 5°C en hiver, mais éviter les pièces surchauffées. A l'extérieur, la plante tolère le gel.
Humidité : Bassiner de temps à autre.
Exposition : Pleine lumière ou mi-ombre, toujours à l'abri du soleil direct.

CI-DESSUS : Tolmiea menziesii.

Arrosage et fertilisation : Arrosages abondants du printemps à l'automne, beaucoup plus modérément en hiver. Apports d'engrais réguliers en été.
Soins : Lorsque les tiges s'enchevêtrent ou que le feuillage devient trop volumineux, tailler au printemps pour stimuler une croissance des rameaux inférieurs. Rempoter une fois par an, au printemps. La plante peut passer l'été au jardin, en lumière indirecte.
Multiplication : Division de la motte ou repiquage des plantules.

Tradescantia

Le genre, qui compte environ 70 espèces, regroupe essentiellement la grande famille des célèbres misères et éphémères, déclinant toute une panoplie de plantes rustiques à massifs et d'espèces rampantes d'intérieur. La *Zebrina pendula*, très prisée pour son feuillage coloré, est désormais assimilée à ce genre.

Tradescantia albiflora voir *Tradescantia fluminensis.*

Tradescantia blossfeldiana
Ses longues feuilles (entre 5 et 10 cm) étroites et ovales, légèrement charnues, poussent symétriquement sur des tiges rampantes garnies d'un fin duvet. Certaines variétés se distinguent par une face supérieure vert brillant et un revers aux teintes rougeâtres. Les variétés panachées sont néanmoins les plus prisées. Ainsi, la « Variegata » porte des rayures longitudinales couleur crème et produit des fleurettes roses émergeant d'un calice blanc. Son véritable nom botanique est désormais *Tradescantia cerinthoides.*

Tradescantia fluminensis
Les longues tiges glabres et rampantes s'enracinent à intervalles dans le mélange. Des feuilles vertes de 5 à 7,5 cm de long, parfois teintées de pourpre sur la face inférieure, naissent sur un pétiole très court. Ici encore les variétés panachées sont les plus appréciées : « Albovittara » est striée de bandes crème, « Quicksilver », marbrée de blanc et d'argent, et « Tricolor » rayée de mauve pâle et de blanc. Leurs petites fleurs blanches sont en revanche relativement insignifiantes. Les botanistes assimilent désormais à cette espèce à la sève violette, la *Tradescantia albiflora*, parcourue d'une sève incolore.

Tradescantia zebrina

Cette éphémère panachée se signale par ses feuilles ovales et pointues de 5 cm de long, portées par des tiges rampantes ou grimpantes. Autre élément distinctif, la face supérieure des feuilles vert sombre brille d'éclats argentés, et est rayée de mauve. Cette espèce donne de petites fleurs blanches ou rosées. Plus souvent commercialisée sous le nom de *Zebrina pendula*, sa plus belle variété, la « Purpusii », légèrement plus grande et plus robuste, exhibe de remarquables panachures mauves sur fond bleu-vert et fournit de charmantes petites fleurs roses. Vous la trouverez également sous l'appellation de *Zebrina purpusii* ou de *Tradescantia purpusii*.

PAGE CI-CONTRE : Tradescantia blossfeldiana *« Variegata »*.
CI-DESSOUS : Tradescantia fluminensis *« Albovittata »*.
EN BAS : Tradescantia zebrina.

LES CLÉS DE LA RÉUSSITE

Température : En hiver, il ne faut pas moins de 7°C.

Humidité : Bassiner de temps en temps.

Exposition : Pleine lumière, un peu de soleil direct. Les panachures s'estompent en mi-ombre. Elles se plaisent en appartement mais elles apprécient également le plein air en été.

Arrosage et fertilisation : Arrosages abondants de préférence avec de l'eau de pluie tiède et apports d'engrais réguliers du printemps à l'automne. Arroser plus modérément en hiver.

Soins : Coupez les tiges dénudées ou desséchées et démêlez régulièrement leur enchevêtrement. Pour que la masse reste touffue, pincer les extrémités. Un bon repos hivernal dans une pièce fraîche lui fera le plus grand bien.

Multiplication : Boutures.

Tulipa

Bien que la nature ne nous ait gratifiés que d'une centaine d'espèces de tulipes, les professionnels sont parvenus à en créer de nombreux hybrides, cultivés par millions d'un bout à l'autre du monde. Ces bulbes ornent plus volontiers les jardins que les intérieurs, mais en forçant leur floraison en hiver, vous pourrez profiter pendant quelques semaines des mille et un coloris de leurs élégants calices.

Tulipa **hybrides**

La diversité est telle, qu'une description détaillée de chaque variété est ici impossible. Les catalogues de pépiniéristes vous offriront néanmoins une large sélection de bulbes d'intérieur, que vous choisirez en fonction de leur période de floraison. Les hybrides à floraison précoce donnent pour la plupart naissance à des fleurs compactes, simples ou doubles. Les fleuristes proposent également des potées fleuries qui tiennent plusieurs semaines.

LES CLÉS DE LA RÉUSSITE

Température : Ces bulbes rustiques apprécient beaucoup une atmosphère fraîche après éclosion des fleurs.

CI-DESSOUS : *Tulipes doubles.*

Humidité : Aucune exigence particulière.

Exposition : Adaptées à tous les emplacements, les tulipes doivent néanmoins être rentrées dès le début de la floraison. Elles décoreront ainsi votre intérieur.

Arrosage et fertilisation : En intérieur, arroser modérément.

Soins : Au début ou vers le milieu de l'automne, enfouir le bulbe sous le mélange de culture. Installer le pot à l'extérieur, à l'abri des intempéries, en le recouvrant d'une couche d'au moins 5 cm d'épaisseur de gravier fin, d'écorce émiettée ou autre matériau de protection. Maintenir l'humidité de la motte sans la détremper. Lorsque les pousses atteignent entre 4 et 5 cm, ou dès apparition des bourgeons, exposer la plante en pleine lumière. A défaut de véranda ou de jardin d'hiver, assurer une température ambiante d'environ 15°C et un bon éclairement. Dès que les boutons prennent leur couleur définitive, rentrer la plante. A la fin de la floraison, la plante peut être jetée ou replantée en pleine terre.

Multiplication : Repiquage des bulbilles. L'opération étant quelque peu laborieuse, il est de loin préférable de racheter de nouveaux bulbes chaque année.

Veltheilmia

Ce genre ne comprend qu'un petit nombre d'espèces bulbeuses, toutes originaires d'Afrique du Sud.

Veltheilmia capensis
Ses feuilles oblongues aux bordures dentelées atteignent environ 60 cm de long. En hiver ; un épi floral, composé d'une soixantaine de petites fleurs roses ou rouges en forme de clochettes, se dressent sur les tiges centrales.

LES CLÉS DE LA RÉUSSITE
Température : Pas moins de 10°C en hiver, mais exposée à plus de 13°C, la plante risque de perdre ses fleurs.
Humidité : Aucune exigence particulière.
Exposition : Pleine lumière. Soleil direct en hiver.
Arrosage et fertilisation : Arroser modérément jusqu'à apparition des bourgeons, et très peu pendant la période de croissance. Réduire peu à peu les apports d'eau à la fin du printemps ou au début de l'été. A l'approche de la période de dormance, les feuilles se flétrissent. Fertiliser entre la pleine croissance et la fin de la floraison.
Soins : Planter les bulbes à l'automne et les placer à une température ambiante de 21°C jusqu'à apparition des pousses. Après la floraison et au début de la dormance, maintenir la motte pratiquement sèche jusqu'au début de l'automne suivant. Installer la plante en repos à l'extérieur, à l'abri des intempéries.
Multiplication : Repiquage des rejets du bulbe ou semis. Il faut savoir que la germination se fait très lentement.

CI-DESSUS : Veltheilmia capensis.

Vriesa

Le genre compte quelques 250 broméliacées qui nous viennent d'Amérique centrale et du Sud.

Vriesa hieroglypha
Cette espèce est principalement cultivée pour son feuillage surprenant. Elle arbore une large rosette constituée de grandes feuilles zébrées ou marbrées de vert sombre ou de noir. Elle fleurit très difficilement en appartement.

***Vriesa* hybrides**
Bien qu'ils soient difficiles à trouver dans le commerce, les hybrides « Elan » (notre photo), « Perfecta » (issu d'un croisement entre *V. carinata* et *V.* « Poelmannii »), ou

CI-CONTRE EN HAUT : Vriesa splendens.
A GAUCHE : Vriesa *hybride « Elan »*.

« Poelmannii » (un cultivar issu de *Vriesa gloriosa* et *V. vangertii*) sont les plus cultivés.

Vriesa splendens
(Épée de feu)
Disposées en rosette, les feuilles oblongues et arquées (de 30 à 45 cm) retombent légèrement, laissant paraître de belles zébrures claires. Une longue hampe florale rouge vif se dresse sur 60 cm du centre de la rosette. Les fleurs sont jaunes, mais ce sont davantage les bractées écarlates qui les entourent qui confèrent tout son cachet à cette plante. Elles apparaissent le plus souvent pendant l'été et l'automne.

LES CLÉS DE LA RÉUSSITE
Température : En hiver, pas moins de 15°C.
Humidité : Bassiner régulièrement les feuilles.
Exposition : Bonne luminosité ou mi-ombre, à l'abri des rayons du soleil.
Arrosage et fertilisation : Arroser copieusement de printemps à l'automne, en versant de l'eau douce dans le cœur de la rosette. Réduire les doses en hiver. Apports d'engrais dilués en été.
Soins : Détacher les rejets qui se forment autour de la rosette des sujets mûrs, pour les repiquer, de préférence en terre de bruyère. Il sera cependant difficile de les conserver très longtemps à l'intérieur. Dans une grande pièce, cette plante est également du meilleur effet agrippée au tronc d'un « arbre à broméliacées ».
Multiplication : Repiquage des rejets.

Washingtonia

Ce genre ne compte que deux espèces. Ce sont de grands palmiers parfois cultivés comme plantes d'intérieur. Celle que nous présentons ci-dessous est la plus répandue.

Washingtonia filifera
Avec ses feuilles gris-vert en forme d'éventail et aux extrémités fibreuses, portées par de longues tiges ligneuses, cet étrange palmier semble sortir ses griffes. Bien qu'il puisse atteindre une taille fort respectable, il supporte difficilement la vie en appartement.

CI-DESSOUS : Washington filifera.

LES CLÉS DE LA RÉUSSITE
Température : En hiver, pas moins de 10°C.
Humidité : Aucune exigence particulière.
Exposition : Autant de lumière que possible. Un peu de soleil direct, à moins que la plante ne soit installée derrière une vitre pendant les heures les plus chaudes de l'été. La plante se prête assez bien à la plantation en bouteille.
Arrosage et fertilisation : Arrosage abondant du printemps à l'automne, modéré en hiver. Apports d'engrais réguliers en été.
Soins : Installer au jardin ou dans une cour intérieure pendant les mois chauds de l'année. En hiver, il préférera l'atmosphère d'une véranda à celle d'un salon.
Multiplication : Semis (difficile).

Yucca

Ce genre regroupe une quarantaine d'espèces arbustives et semi-ligneuses à feuillage persistant, dont certaines sont rustiques. Les deux espèces présentées ici sont parmi les plus cultivées en appartement.

Yucca aloifolia
(Dague espagnole)
Ses lanières très pointues, pouvant atteindre 50 cm de long, forment une couronne dense surmontant un tronc rigide et dénudé qui lui donne toutes les allures d'un arbre.

Yucca elephantipes
Très proche de l'espèce précédente, ses feuilles sont cependant moins effilées. Ce yucca est le plus courant en Europe, où les horticulteurs reçoivent chaque année des fragments de stipes en provenance d'Amérique centrale. Traités comme d'immenses boutures de tronc, ils donnent naissance à d'élégants spécimens portés par un tronc solide. Au bout de plusieurs années, on voit parfois pointer quelques fleurs blanches en forme de cloche. Il arrive que cette espèce soit commercialisée sous le nom de *Y. elegantissima,* mais cette appellation demeure très peu usitée.

LES CLÉS DE LA RÉUSSITE
Température : en hiver, pas moins de 7°C.
Humidité : Tolère fort bien la sécheresse.
Exposition : Pleine lumière, avec un peu de soleil direct.
Arrosage et fertilisation : Bien arroser du printemps à l'automne, modérés en hiver.
Soins : Au besoin, rempoter les petits sujets. Les grands yuccas pourront rester plusieurs années dans le même récipient, moyennant un surfaçage régulier de 5 cm. En été, après une période d'acclimatation en mi-ombre, la plante se plaira davantage dans une cour intérieure.
Multiplication : Boutures des bourgeons axillaires. Les yuccas à stipe épais du commerce sont issus de boutures de troncs importés.

CI-DESSOUS : Yucca elephantipes.

Zephyranthes

Le genre rassemble des plantes bulbeuses originaires d'Amérique centrale et d'Amérique du Sud. Les plantes adultes sont difficiles à se procurer, mais vous trouverez des bulbes chez les pépiniéristes spécialisés.

Zephyranthes candida
Cette plante, dont la silhouette se dresse sur une quinzaine de centimètres, porte de grandes et longues feuilles très fines parmi lesquelles naissent d'élégantes fleurs blanches hérissées de pistils jaunes. A l'automne, elles virent parfois au mauve, rappelant un peu le crocus.

CI-DESSOUS : Zephyranthes grandiflora.

CI-DESSUS : Zephyranthes candida.

Zephyranthes grandiflora

Cette espèce se distingue de la précédente par ses fleurs roses aplaties et ornées en leur centre d'une étoile aux bras effilés. Elles s'épanouissent au début de l'été à l'extrémité d'une tige de 30 cm.

LES CLÉS DE LA RÉUSSITE

Température : Pas moins de 5°C en hiver.

Humidité : Aucune exigence particulière.

Exposition : Autant de lumière que possible. Un peu de soleil direct.

Arrosage et fertilisation : Bien arroser les bulbes en période de croissance, et limiter les doses pendant la dormance, sans jamais laisser la motte s'assécher complètement.

Soins : Ne rempoter qu'en cas d'absolue nécessité et exclusivement pendant la dormance du bulbe. Une potée généreusement garnie sera plus spectaculaire que quelques sujets isolés.

Multiplication : Division et semis.

Zygocactus

Ces cactées tropicales présente des tiges plates que l'on méprend souvent pour des feuilles. Assimilés au genre *Schlumbergera,* les hybrides de l'espèce *Z. truncatus* sont les plus répandus. Dans certains cas, il s'agit de croisements entre des cactées de genres différents.

***Zygocactus truncatus* hybrides**

(Cactus de Noël, rose de Noël, cactus crabe)

Ses longues tiges plates, divisées en segments rétrécis par endroits, forment de petites branches retombantes. Vers la fin de l'année, il produit de superbes fleurs exotiques, portées par un calice ouvert. Les pétales rouge magenta recourbés vers le haut, laissent pointer un faisceau de stigmates érigés. Pouvant atteindre jusqu'à 7,5 cm de long, ces fleurs déploient à l'extrémité des pousses, une symphonie de tons vifs, allant du violet au blanc, en passant par l'orangé et le mauve. Leur véritable nom botanique est *Schlumbergera truncata.*

LES CLÉS DE LA RÉUSSITE

Température : Pas moins de 13°C en hiver.

Humidité : Bassiner régulièrement les feuilles.

Exposition : Pleine lumière, à l'abri des rayons du soleil.

Arrosage et fertilisation : Arroser abondamment à l'eau douce de la fin de l'automne à la fin de l'hiver, très modérément pendant le reste de l'année. Augmenter les doses dès que des boutons commencent à apparaître à la fin de l'automne. Apports d'engrais dilué en période de croissance.

Soins : Sortir la plante en été, dans un lieu ombragé, et rentrer pendant les nuits fraîches. Éviter de la déplacer après apparition des bourgeons. Rempoter les jeunes plants à chaque printemps et les sujets adultes tous les deux ou trois ans.

Multiplication : Boutures.

CI-DESSOUS : Zygocactus truncatus *(syn.* Schlumbergera truncata*).*

Index des noms communs de plantes

Jacinthe : *Hyacinthus* sp.
Jasmin : *Jasminum* sp.
Jasmin commun : *Jasminum officinale*
Jasmin d'appartement : *Jasminum polyanthum*
Jasmin de Madagascar : *Stephanotis floribunda*
Jasmin du Cap : *Gardenia jasminoides*
Jasmin rose : Voir Jasmin d'appartement
Jonquille : Voir Narcisse
Justicier : *Jacobinia carnea*
Kalanchoé de Blossfeld : *Kalanchoe blossfeliana*
Kentia : *Howeia forsteriana*
(Syn. : *Kentia forsteriana*)
Langue de belle-mère : *Sansevieria trifasciata*
Langue de feu : *Anthurium audreanum*
Lanterne de Chine : *Abuliton megapotamicum*
Laurier rose : *Nerium oleander*
Liane du voyageur : Voir Fausse vigne
Lierre : *Hedera* sp.
Lierre arborescent : Voir Faux lierre
Lierre commun : *Hedera helix*
Lierre d'appartement : Voir Lierre commun
Lierre des bois : Voir Lierre commun
Lierre des Canaries : *Hedera canariensis*
Lierre du diable : Voir Arum grimpant
Lierre suédois : *Plectranthus oertendahlii*
Lis : *Lilium* sp.
Mamillaire : *Mammillaria* sp.
Marguerite du Transvaal : *Gerbera jamesonii*
Melon d'eau : *Peperomia glabella*
Mimosa d'intérieur : *Acacia armata*
Misère : *Tradescantia* (Syn. :*Zebrina*)
Mitre d'évêque : *Astrophyltum myriostigma*
Monstère : Voir Faux-philodendron
Mousse espagnole : *Tillandsia usneoides*
Narcisse : *Narcissus* sp.
Nephrolepsis élevé : voir Fougère de Boston
Oiseau de paradis : *Strelitzia reginae*
Oléandre : Voir Laurier rose
Oranger calamondin : X *Citrofortunella microcarpa* (Syn. : *Citrus mitis*)
Oranger de Chine : *Citrus sinensis*
Oranger du Panama : Voir Oranger calamondin
Oranger du savetier : *Solanum hendersonii*
Oranger nain: X *Citrofortunella microcarpa*
Orchidée du pauvre : *Schizantus*

Oreille de lapin : *Opuntia microdasys*
Oreilles d'éléphant : voir Primevère du Cap
Ornithogale à ombelle : Voir Dame de Onze heures
Orpin : *Sedum* sp.
Orpin de Morgan : *Sedum morganianum*
Orpin de Siebold : *Sedum sieboldii*
Orpin rouge : *Sedum rubrotinctum*
Ortie d'appartement : voir Croton du pauvre
Palmier dattier : *Phoenix dactylifera*
Palmier des Canaries : *Phoenix canariensis*
Palmier frisé : *Howea belmoreana*
(Syn. : *Kentia belmoreana*)
Palmier nain : *Chamaedorea elegans*
Papyrus : *Cyperus* sp.
Papyrus d'Egypte : *Xanthosoma*
Patte d'oie : *Syngonium podophyllum*
Pervenche de Madagascar : *Catharantus roseus*
Petite pantoufle : Voir Calcéolaire
Phalangère : Voir Phalangium
Phalangium : *Chlorophytum comosum*
Philodendron grimpant : *Philodendron scandens*
Philodendron oreille d'éléphant : *Philodendron domesticum* (Syn. *P. hastatum*)

Philodenron à feuilles rouges : *Philodendron erubescens*
Pied d'éléphant : *Beaucarnea recurvata*
Pierre vivante : *Lithops*
Piment commun : Voir Piment d'ornement
Piment d'ornement : *Capiscum annuum*
Pin de Norfolk : *Auraucaria heterophylla*
(Syn. : *A. excelsa*)
Pissenlit du Cap : Voir Marguerite du Transvaal
Plante à ruban : *Dracaena sanderiana*
Plante à tout faire : Voir Vigne d'appartement
Plante aluminium : *Pilea cadierei*
Plante araignée : *Chlorophytum comosum* « Variegatum »
Plante aux crevettes jaunes : *Pachystachys lutea*
Plante aux éphélides : *Hypoestes phyllostachya*
(Syn. : *H. sanguinolenta*)
Plante bouteille : Voir Pied d'éléphant
Plante caillou : Voir Pierre vivante
Plante crevette : *Justicia brandegeana*
(Syn. : *Beloperone guttata*)
Plante de belle-mère : *Aspidistra eliator*
Plante de St. Joseph : Voir Clivie vermillon
Plante des marchands de vin : Voir Plante de belle-mère
Plante des muets : *Dieffenbachia maculata*
(Syn. : *D. picta*)
Plante en fer forgé : Voir Plante de belle-mère

Plante feu d'artifice : *Pilea microphylla*
Plante ombrelle : Voir Souchet
Plante paon : *Calathea makoyana*
Plante parasol : *Schefflera arboricola*
(Syn. : *Heptapleurum arboricola*)
Plante qui prie : *Maranta leuconeura*
Plante urne : *Aechmea fasciata*
Plante zèbre : *Aphelandra squarrosa*
Poinsettia : *Euphorbia pulcherrima*
Polypode doré : voir Fougère patte de lièvre
Pommier d'amour : *Solanum capsicastrum*
Pothos d'or : voir Arum grimpant
Primevère : *Primula* sp.
Primevère de Chine : *Primula obconica*
Primevère du Cap : *Streptocarpus* hybrides
Queue de chat : *Acalypha hispida*
Queue de rat : *Aporocactus flagelliformis*
Queue de renard : Voir Queue de chat
Rince-bouteilles : *Callistemon citrinus*
Rose de Chine : *Hibiscus rosa-sinensis*
Rose de Noël : Voir Poinsettia
Sabot de Notre-Dame : Voir Sabot de Vénus
Sabot de Vénus : *Paphiopedilum*
(Syn. : *Cypripedium*)
Saintpaulia : Voir Violette du Cap
Saxifrage araignée : Voir Saxifrage de la Chine
Saxifrage de la Chine : *Saxifraga stolonifera*
(Syn. : *S. sarmentosa*)
Saxifrage sarmenteuse : Voir Saxifrage de la Chine
Sélaginelle : *Selaginella* sp.
Séneçon grimpant : *Senecio macroglossus*
Séneçon-lierre : Voir Séneçon grimpant
Sensitive : *Mimosa pudica*
Souchet : *Cyperus alternifolius*
Suzanne-aux-yeux-noirs : *Thunbergia alata*
Tilleul d'appartement : *Sparmannia africana*
Tulipe : *Tulipa* sp.
Vigne d'appartement : *Cissus antarctica*
Vigne des kangourous : Voir Vigne d'appartement
Vigne du Cap : *Rhoicissus capensis*
Vigne du Natal : Voir Fausse-vigne
Vigne royale : Voir Fausse-vigne
Vigne veloutée : *Cissus discolor*
Vigne vierge : *Ampelopsis*
Violette bleue : *Browallia speciosa*
(Syn. : *B. viscosa*)
Violette d'Uzambara : Voir Violette du Cap
Violette du Cap : *Saintpaulia* sp.
Violette perse : *Exacum affine*
Voile blanche : *Spathiphyllium wallisii*
Yucca : *Yucca elephantipes*

Glossaire

Annuelle : Plante qui accomplit son cycle végétatif sur une année.

Aréole : Petite touffe velue et bombée, caractéristique des cactées, portant les épines d'où naissent les fleurs.

Bouture de bourgeon : Procédé de multiplication par repiquage des extrémités tendres de plantes en pleine croissance.

Bouture de tige : Procédé de multiplication par repiquage de fragments de tige.

Bouture de tronc : Procédé de multiplication consistant à couper un segment de tige lignifié comportant au moins un nœud.

Bractée : Feuille modifiée, en forme de pétale, dont les couleurs vives rehaussent habituellement une fleur insignifiante.

Broméliacées : Famille de plantes à feuilles disposées en rosette et souvent entourées de bractées très colorées. Certaines espèces sont épiphytes.

Bulbe : Souvent confondu avec le cormus et le tubercule, le bulbe est un organe de réserve souterrain.

Bulbille : Petit bulbe immature apparaissant à la base de certaines plantes.

Calcifuge : Se dit d'une plante qui ne peut se développer que dans un sol acide.

Chlorophylle : Pigment vert présent chez tous les végétaux. Il permet à la plante de capter l'énergie lumineuse, indispensable pour produire ses éléments nutritifs.

Chlorose : Jaunissement anormal du feuillage dû, en règle générale, à une carence en fer ou autres minéraux. La chlorose se manifeste souvent sur les plantes calcifuges cultivées en milieu alcalin.

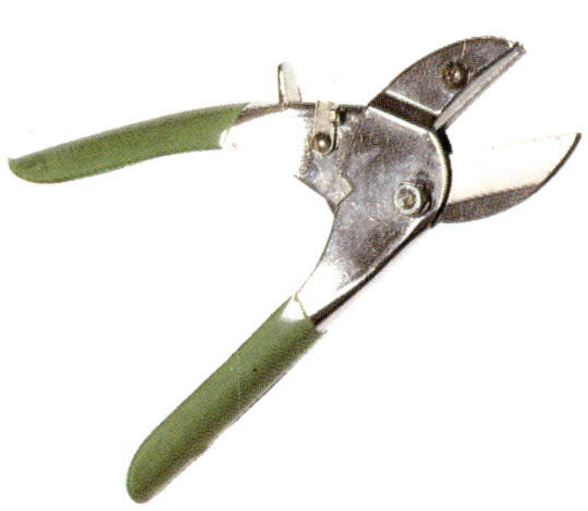

Collet : Point de jonction entre la tige et les racines d'une plante.

Compost alcalin : Mélange de terre, de résidus organiques et de chaux présentant un pH élevé.

Cormus : Base de tige renflée et souterraine, accumulant les réserves nutritives de la plante pendant son repos, la période de dormance.

Culture hydroponique : Procédé de culture des plantes au sein de solutions nutritives, en l'absence de tout mélange terreux. On parle également d'hydroculture.

Dormance : Période de repos végétatif, plus ou moins prononcée selon les genres, pendant laquelle la plante exige une atmosphère plus fraîche et un arrosage moins abondant.

Engrais foliaire : Engrais à action rapide appliqué par vaporisation sur le feuillage et assimilable par les feuilles et les racines d'une plante.

Épiphyte : Se dit d'une plante qui, contrairement aux parasites, croît sur une autre plante sans en prélever d'éléments nutritifs.

Espèce : Groupes des membres d'un même genre, capables de se reproduire à l'identique. Ainsi, le lierre commun, *Hedera helix*, appartient au genre *Hedera* et à l'espèce *helix*.

Genre : Groupe d'espèces partageant des caractéristiques botaniques au sein d'une même famille. Ainsi, les lierres appartiennent au genre *Hedera.*

Hormones d'enracinement : Composé organique de synthèse favorisant l'enracinement des boutures.

Lux : Unité de mesure de la lumière.

Marcottage aérien : Procédé de multiplication d'une plante sur pied. Après avoir pratiqué une incision latérale, on enrobe la tige d'un manchon de plastique garni de sphaigne humide jusqu'à apparition de racines.

Mélange terreux : Substrat de culture composé de terre végétale stérilisée additionnée de tourbe, de sable et de divers engrais.

Nœud : Dans le domaine de la multiplication, il correspond à un fragment de tige d'où part une feuille ou un bourgeon latéral.

Perlite : Silicate naturel utilisé pour les composts ou les terreaux de bouturage afin d'améliorer le drainage et l'aération.

Pétiole : Attache reliant le limbe d'une feuille à la tige de la plante.

pH : Mesure d'acidité ou d'alcalinité du milieu de culture. Sur cette échelle graduée de 0 à 14, la valeur 7 correspond à la neutralité chimique.

Photosynthèse : Mécanisme par lequel les plantes synthétisent leurs éléments nutritifs en captant l'énergie lumineuse.

Racine aérienne : Racine qui prend naissance au niveau des nœuds.

Rejet : Jeune plante qui apparaît à la base d'une plante adulte.

Rhizome : Tige souterraine horizontale ou rampant à la surface du sol.

Rustique : Se dit d'une plante capable de résister au gel.

Sphaigne : Mousse issue des sols marécageux présentant une excellente capacité de rétention d'eau.

Spores : Cellules reproductrices des végétaux qui ne donnent pas de fleurs, comme les mousses et les fougères.

Terre de bruyère : Terreau de feuilles de formule spécifique, au pH faible, idéal pour les plantes calcifuges (azalées, rhododendrons, hortensias).

Tubercule : Tige ou racine souterraine renflée, contenant les réserves nutritives de la plante pendant sa dormance.

Variété : Variation naturelle d'une espèce, généralement désignée par un nom latin. Ainsi, *Hedera helix cristata* est une variété de l'espèce *H. helix.* Lorsque cette variation provient d'une manipulation de culture, on parle de « cultivar ». *H. helix* « Chicago » est un cultivar du lierre commun.

Vermiculite : Agrégat inerte intervenant dans la composition de certains substrats de culture.

Verticille : Groupe d'au moins trois feuilles ou fleurs disposées en anneau sur un même nœud ou sur un même œil de la tige.

Vivace : Une plante dont le cycle végétatif s'étend sur plusieurs années.